OTASUKE TASK
おたすけタスク

初級日本語
クラスのための
文型別タスク集

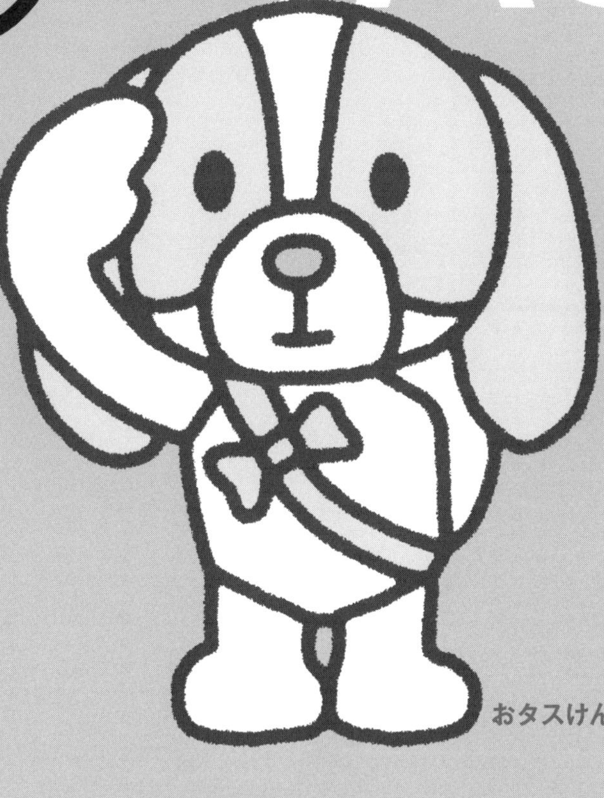

[監修] 砂川有里子
[著] 石田小百合
　　 加藤　紀子
　　 森田有紀子
　　 和氣　圭子

おタスけん

くろしお出版

はじめに

　この本は、初級レベルの文法指導にコミュニカティブな方法を取り入れたいと考えている日本語教師のために作られたものです。コミュニカティブな練習の大切さは分かっていても、初級レベルの学生たちにタスクやロールプレイをやらせるのは簡単ではありません。最近ではコミュニカティブな練習を盛り込んだ初級教材が増えてきてはいますが、まだまだ十分とは言えず、教師が頭をひねって自分で考えなければならないことが少なくありません。教案を練ったり教材を作ったりするのは楽しい作業ですが、日々の仕事に追われる教師の身にはつらいときもあるでしょう。初級の文法指導に簡単に使える手軽なアイデア集はないものか、忙しい教師が準備に追われることなく安心して授業に臨める教材はないものか、この本はそんな思いから生まれました。

　この本の特徴は、50音順に配列された文型ごとにコミュニカティブな活動が紹介されている点です。「～ている」の練習がしたいときは「～ている」のページを開いてみて下さい。「動作の進行」「過去の動作の進行」「習慣」「結果の状態」それぞれの項目にタスクやロールプレイのアイデアが紹介されています。巻末の事項索引を使えば、「動作の進行」や「結果の状態」といった語からも探せます。目次にはゲームやロールプレイなどの活動別リストも付けました。

　もう一つの特徴は、必要な絵カードやタスクカードのページをコピーするだけで準備できるという手軽さです。付属CD-ROMにも絵カードやタスクカードが収められていますので、それを使ってもいいでしょう。手順の指示に従ってそれらの教材をそろえれば準備ＯＫです。ふんだんに使われているイラストは、その活動以外にも使えます。また、付録として乗り物や動物などのイラスト集も載せてありますので、用途に合わせたいろいろな使い道を考えてみて下さい。巻末にイラスト索引を付けましたので必要な絵や地図などを探すのに使って下さい。

　また、この本を有効に使い、楽しい教室活動を行うためのコラム「現場でうまく生かすためのコツ」が設けられているのもこの本の特徴です。このコラムは日本語教師になって間もない教師たちに対するメッセージとして書きました。しかし、ベテランの教師にとっても、忘れていた遠い昔のあれこれを思い出させてくれるたくさんの言葉に出会えることと思います。

　この本のきっかけは筑波大学で行われた「日本語教育演習」という授業です。この授業では学生たちにタスクやロールプレイの教材を作ってもらいました。身近な素材を使ったタスクやびっくりするような大がかりなプロジェクト・ワークなど、楽しいアイデアが次々に生まれてきて、それをそのまま埋もれさせるのはもったいないと感じました。そこで、卒業生に呼びかけて「おタスク隊」という奇妙な名前の研究会を立ち上げ、コミュニカティブな活動のアイデア集を作り始めたのです。そのときから予想外に長い時間がたってしまいました。しかし、その間に「おタスク隊」のメンバーも日本語教師として成長し、教育現場で日々努力している若い教師ならではの楽しい活動をたくさん生み出してくれました。この本はその成果の集大成です。みなさまから忌憚のないご意見を頂戴できればと思っています。

　くろしお出版の福西敏宏さんにはこの本のアイデア作りの段階からお世話頂きました。市川麻里子さんはなかなか進まない仕事を一気に進めて下さいました。この二人がいなければこの本は生まれませんでした。また、このアイデア集を試用版の段階で使って下さり、貴重なご意見を下さった日本語教師の方々に心から感謝致します。

2008年1月　砂川有里子

本書の使い方

本書の構成

見出し
　左…文型
　右…文法事項・意味・機能

活動人数の目安
　ペア　2人組み
　グループ　数名のグループ（3〜5人程度）
　クラス　クラス全体

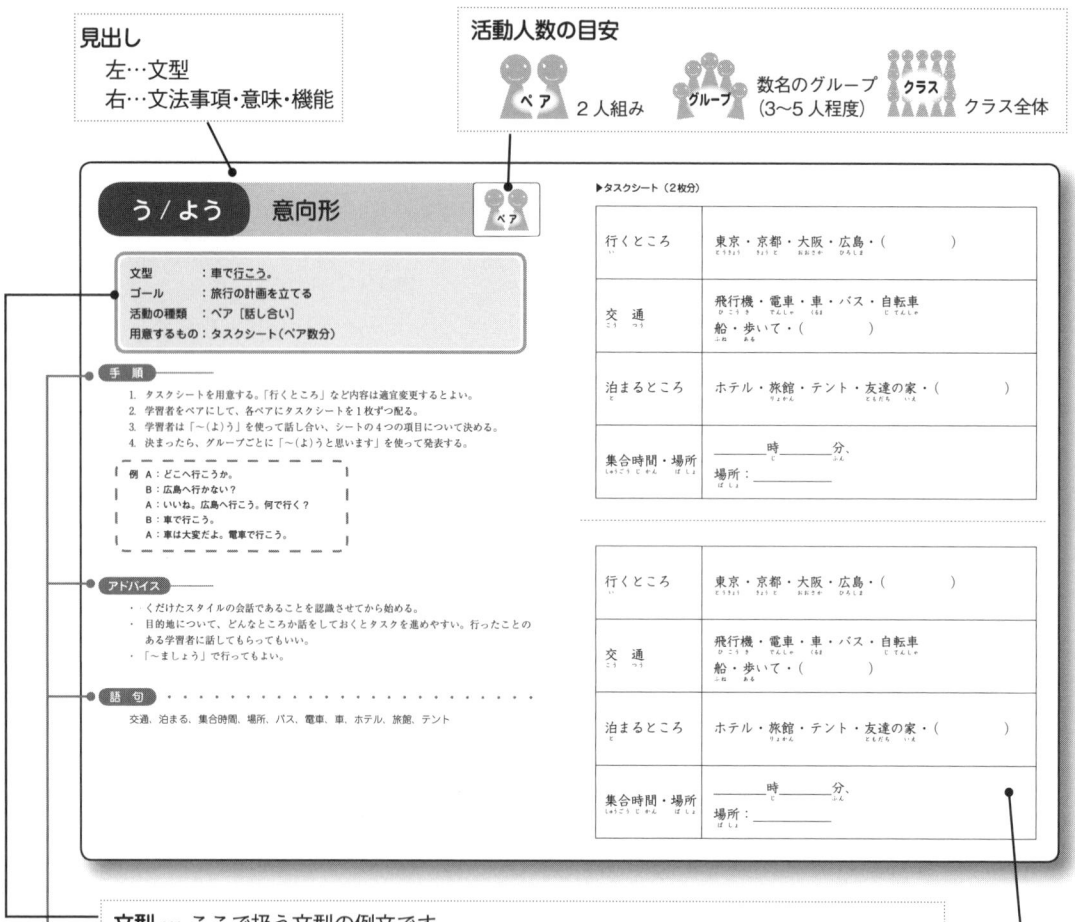

文型 … ここで扱う文型の例文です。
ゴール … この活動の目標・到達点です。
活動の種類 … 活動の人数と、Q&A・ゲームなどの活動の種類を表します。
用意するもの … 授業の前に教師が準備しておくアイテムや、絵カードやタスクシートの必要数などを表します。

手順 … 活動のやり方を順を追って説明しています。
アドバイス … この活動を有効に行うための注意点や、ほかの活動への応用についてのアドバイスです。
語句 … この活動に必要な単語や表現です。

タスクシート・タスクカード・絵シート・絵カードなど
　手順の指示に従って準備し、使用してください。
- 必要な枚数をコピーする
- 点線に沿って切り離す
- 必要な場合は拡大コピーする
- キャプションなど、いらない情報がある時は、修正液で消す
- 人の名前をクラスの学生名に変えるなど工夫する

タスクカード・イラストについて

　本書の絵カードやタスクシートは、ウェブサイトよりダウンロードができます。全てJPEG形式のファイルで収められています。パワーポイントの作成、プロジェクターやプリント等で利用いただけます。ただし、授業でのご利用に限らせていただき、ファイルの配布や二次使用、営利目的とした使用を固く禁じます。以上の使用をされた場合には法的な措置をとらせていただくことがありますのでご注意ください。

ダウンロードサイト：https://www.9640.jp/books_401/
パスワード：tasuke01T

コラム「現場でうまく生かすためのコツ」について

　この本を現場で上手に利用するためのアイディアやアドバイスが書かれています。授業の準備や活動を行う際に参考にしてください。

1 タスク活動に入る前に（タスクへの導入）　p.9
2 絵シート・文字カード、タスクカード・シートを利用する際の工夫　p.17
3 タスク活動を盛り上げるヒント[1]　p.41
4 タスク活動を盛り上げるヒント[2]　p.53
5 小道具の工夫と活用　p.83
6 イラストの自作と活用　p.171
7 他文型への活用[絵カード・タスクシート編]　p.209
8 他文型への活用[タスク活動編]　p.241
9 海外に持っていくと便利なもの　p.245

付録について

　動物カード、食べ物カード、地図などいろいろな活動に利用できるイラストが付録として付いています。巻末のイラスト索引(p.258)をご利用ください。

索引について

事項索引とイラスト索引が付いています。

○事項索引(p.253)…この本の文型や文法事項、意味、機能を手がかりに検索できます。

○イラスト索引(p.258)…この本に載っているイラストを探すのに利用できます。

教師の心得と授業前の準備 ―タスク活動をスムーズに進めるために―

　授業前に頭の中で一通りシミュレーション(イメージトレーニング)しておきましょう。新米教師のうちは、学習者に見立てた人形を並べ、タスク開始〜終了まで、予想されるやり取りを口に出しながら、劇さながらにリハーサルしておくといいかもしれません。特に、タスクのやり方の説明部分は、しっかり練習しておくと本番でとまどいません。以下に留意点を述べておきます。

<時間・テンポ>
- 説明2分、ペアワーク6分、全体発表2分などと、時間配分の目安を考えておくとよい。
- 学習者が立ったり歩き回ったりするタスクの場合、移動の時間も考慮して授業計画を立てること。あらかじめ机の配置を変えておくなど、活動しやすいような工夫をする。
- 「易から難へ」。タスクに慣れてきたら、少しずつテンポを上げたり、複雑にしたりしていく。学習者もそれについていこうと集中するので、緊張感を保って気持ちよく活動できる。

<動機づけ・ムード作り>
- いきなりタスクに入ると、ぎこちなくなる。関連した話題を雑談風に話したり、ビデオや実物を見せたりしながら学習者の意識や想像力を高めておくと、タスク活動にスムーズに入れる。
- 『〜ことができる/れる・られる(1)』の動機づけからタスク導入まで(p.47)に具体例を示した。

<状況・やり方の説明>
- 日本語、学習者の母語、英語などの媒介語のうち、どの言語で説明するのか決め、セリフを考えておく。あらかじめ用意しておいた文書を読ませてもよい。
- 日本語で説明する場合は、ジェスチャーと学習者の既習語彙・文法のみで、簡単に説明できるように工夫する。新米教師は高度な日本語を使用して学習者を混乱させがちなので、十分注意する。
- 説明より例を示す方がわかりやすい場合もある。状況や場所を表した絵を見せるのも効果的。
- 説明は長すぎると間延びし、タスク活動の時間が短くなる。とはいえ、省きすぎると途中で再度説明が必要になるので、手を抜かずに行う。適度なタイミングで活動に移れるのが理想的。

<絵シート・タスクカード等の準備>
- 教師は教材と学習者との橋渡し役。絵シートやタスクカードは、学習者の特性・既習項目に合わせて適宜作り変えること。
- 『コラム❷　絵シート・文字カード、タスクカード・シートを利用する際の工夫』(p.17)に具体的な工夫例を示した。

<不測の事態>
- タスクがうまくいかなかった場合は、原因を見つけ、改良し、次回の授業に生かす。授業直後にすかさずメモを取り、教案や本書に書きこんでおく。うまくいった場合のコツも書きこんでおくと、後でまた役に立つ。
- タスクに予想外に時間がかかった、あるいは早く終わった時のために、全体の教案には余裕を持たせておく。時間がなかったら削る活動と、時間が余ったら加える活動をあらかじめ決めておくとよい。時間が余った時のために、5〜10分でできる復習的なタスクやゲームをいつもかばんにしのばせておくとよい。
- タスクがうまくいかないだけでなく、授業直前にコピー機が壊れたり、授業中にOHPの電球が切れるといった機器のトラブルもある。普段から対処法や次善策を考えておくとよい。

目次 contents

はじめに　iii
本書の使い方　iv
教師の心得と授業前の準備　vi

■ 文 型 別 ■

あげる / もらう 2
〜あとで　〜たあとで 4
ありますか / いくらですか 6
ある / いる(1)　〜に〜があります 10
ある / いる(2)　〜は〜にあります / います 12
ある / いる(3)　〜は〜にありました 14
ある / いる(4)　〜は〜にあります / います ... 16
いつですか　日付 18
いつも 20
〜う / よう　意向形 22
かかる(1)　時間・値段 24
かかる(2)　時間・値段 26
かかる(3)　時間・値段 28
〜(の)かもしれない 30
〜から〜まで　時間 32
〜かわかる / かどうかわかる 34
形容詞 38
こそあど(1)　これ / それ / あれ 40
こそあど(2)　ここ / そこ / あそこ / どこ 42
〜ことがある　〜たことがある 44
〜ことができる / れる・られる(1)　可能 46
〜ことができる / れる・られる(2)　可能 48
〜ことができる / れる・られる(3)　可能 50
〜し、〜し、　理由 52
〜しかない / もある　助数詞+しかない / もある 54
自 / 他動詞 56
助数詞(1)　円 58
助数詞(2)　つ / 人 60
助数詞(3)　本 / 冊 / 台 64
助数詞(4)　つ / 枚 66
数字 69
すきだ / きらいだ(1) 70

すきだ / きらいだ(2) 72
〜すぎる(1)　形容詞+すぎる 74
〜すぎる(2)　動詞+すぎる 76
〜せる / させる(1)　使役 80
〜せる / させる(2)　〜(さ)せてください 82
〜そうだ(1)　伝聞 84
〜そうだ(2)　伝聞 86
〜そうだ(3)　様態 87
尊敬語 88
〜たい 90
〜たいんですが 92
〜ために　目的 94
〜たら 96
〜たらいい 98
〜たり、〜たり 100
〜て(1)　〜て、〜て 101
〜て(2)　原因 102
〜て(3)　原因 104
〜てある 106
〜ている(1)　動作の進行 110
〜ている(2)　動作の進行 113
〜ている(3)　過去の動作の進行 114
〜ている(4)　習慣 118
〜ている(5)　結果の状態 120
〜ておく 122
〜てから(1) 124
〜てから(2) 126
〜てください(1)　指示 128
〜てください(2)　指示 130
〜てくださいませんか　依頼 132
〜てくる 134
〜てしまう 136
〜てみる 140
〜ても 142

項目	ページ
～てもいい(1)	144
～てもいい(2)	146
～てもいい / てはいけない	148
～と(1)	150
～と(2)	152
～という	153
～と思う	154
～とき	156
～ところだ / ているところだ	158
～と読む / て読む	160
～ないでください	162
～ながら(1)	164
～ながら(2)	166
～なければならない / なくてもいい	168
～なら	170
～に行く　目的	172
～にする	174
～の　所有	176
～ので / のに	180
～ば	184
～は～が	186
～ばかり　～たばかり	188
～は～だ(1)	190
～は～だ(2)	191
～は～だ(3)	192
はじめに / それから	194
比較(1)	196
比較(2)	198
～ほうがいい	200
ほしい　～がほしい	202
～まえは～だ　～のまえは～だ / 前後左右	204
～まえに　～るまえに	206
～ましょうか　申し出	208
～ませんか / ましょう(1)	210
～ませんか / ましょう(2)	212
まだ～ていない / もう～た	214

項目	ページ
見える / 聞こえる　～が見える / 聞こえる	216
～ような　～のような	218
～ようになる(1)	220
～ようになる(2)	222
～ようになる(3)	224
～れる / られる(1)　間接受身	228
～れる / られる(2)　間接受身	230
～れる / られる(3)　直接受身	234
連体修飾(1)　～ている人	236
連体修飾(2)　～ている人	238
連体修飾(3)	240
～んです	242
総合復習	244
総合復習	246

コラム　現場でうまく生かすためのコツ

1. タスク活動に入る前に（タスクへの導入） ... 9
2. 絵シート・文字カード、タスクカード・シートを利用する際の工夫 ... 17
3. タスク活動を盛り上げるヒント[1] ... 41
　『～ことができる / れる・られる(1)』の動機づけからタスク導入まで ... 47
4. タスク活動を盛り上げるヒント[2] ... 53
5. 小道具の工夫と活用 ... 83
6. イラストの自作と活用 ... 171
7. 他文型への活用[絵カード・タスクシート編] 209
8. 他文型への活用[タスク活動編] ... 241
9. 海外に持っていくと便利なもの ... 245

索　引
- ○事項索引 ... 253
- ○イラスト索引 ... 258

■ 活 動 別 ■

Q & A

	[あげる / もらう]	2
	[いつですか]	18
	[かかる(1)]	4
	[かかる(3)]	28
	[〜から〜まで時間]	32
	[〜かわかる / かどうかわかる]	34
	[こそあど(2)]	42
	[すきだ / きらいだ(1)]	70
	[〜そうだ(2)]	86
	[尊敬語]	88
	[〜たい]	90
	[〜たらいい]	98
	[〜てある]	106
	[〜ている(1)]	110
	[〜ている(3)]	114
	[〜てから(1)]	124
	[〜てもいい(1)]	144
	[〜てもいい / てはいけない]	148
	[〜と読む / て読む]	160
	[〜ながら(1)]	164
	[〜に行く]	172
	[〜の]	176
	[〜ばかり]	188
	[比較(2)]	198
	[〜まえに]	206
	[まだ〜ていない / もう〜た]	214
	[〜ようになる(2)]	222
	[連体修飾(1)]	236
	[連体修飾(2)]	238
	[総合復習]	244

アンケート

健康アンケート	[いつも]	20
時間・値段チェック	[かかる(2)]	26
1人暮らし適性チェック	[〜ことができる / れる・られる(3)]	50
好き嫌いチェック	[すきだ / きらいだ(2)]	72
ストレス度チェック	[〜ても]	142
健康チェック	[〜ている(4)]	118
朝ごはんアンケート	[〜ながら(2)]	166

クイズ

	[ある / いる(4)]	16
	[自 / 他動詞]	56
	[〜そうだ(1)]	84
	[〜ために]	94
	[〜という]	153
	[〜とき]	156
	[はじめに / それから]	194

ゲーム

描写 / 描画	[ある / いる(1)]	10
描写 / 描画	[ある / いる(2)]	12
宝探し	[ある / いる(3)]	14
状況説明	[〜(の)かもしれない]	30
絵当て	[形容詞]	38
「こそあ」の使い分け	[こそあど(1)]	40
人探し	[〜ことがある]	44
パートナー探し	[〜ことができる / れる・られる(2)]	48
カルタ取り	[助数詞(1)]	58
ビンゴ	[助数詞(2)]	60
助数詞	[助数詞(3)]	64
間違い探し	[助数詞(4)]	66
数字	[数字]	69
知恵の輪	[〜せる / させる(2)]	82
パートナー探し	[〜たいんですが]	92
しりとり	[〜たり、〜たり]	100
ジェスチャー	[〜ている(2)]	113
間違い探し	[〜ている(5)]	120
指示と行動	[〜てください(1)]	128
借り物競走	[〜てくる]	134
パートナー探し	[〜てもいい(2)]	146
カルタ取り	[〜と(1)]	150
人物当て	[〜は〜が]	186
紹介	[〜は〜だ(1)]	190
並べ変え	[比較(1)]	196

整列	[～まえは～だ]	204
パートナー探し	[～ませんか / ましょう(1)]	210
絵合わせ	[～ような]	218
すごろく	[～ようになる(1)]	220
犯人当て	[～れ / られる(2)]	230
いす取り	[連体修飾(3)]	240
言い訳	[～んです]	242
すごろく	[総合復習]	246
ディベート	[～なければならない / なくてもいい]	168
ロールプレイ	[ありますか / いくらですか]	6
	[～しかない / もある]	54
	[～てから(2)]	126
	[～てください(2)]	130
	[～てくださいませんか]	132
	[～てしまう]	136
	[～てみる]	140
	[～ところだ / ているところだ]	158
	[～ましょうか]	208
	[～ませんか / ましょう(2)]	212
自己紹介	[～は～だ(3)]	192
自由発言	[～せる / させる(1)]	80
	[～そうだ(3)]	87
	[～ておく]	122
	[～と思う]	154
	[～なら]	170
	[～ほうがいい]	200
	[ほしい]	202
	[見える / 聞こえる]	216
他己紹介	[～は～だ(2)]	191
文作り	[～ことができる / れる・られる(1)]	46
	[～し、～し、]	52
	[～すぎる(2)]	76
	[～たら]	96
	[～て(1)]	101
	[～て(2)]	102
	[～て(3)]	104
	[～と(2)]	152
	[～ないでください]	162

	[～ので / のに]	180
	[～ようになる(3)]	224
	[～れる / られる(1)]	228
	[～れる / られる(3)]	234
話し合い	[～あとで]	4
	[～う / よう]	22
	[～すぎる(1)]	74
	[～にする]	174
	[～ば]	184

付録

① 動物カード [十二支]　15
② 動物カード　37
③ 乗り物カード　79
④ 季節・行事カード　89
⑤ 職業カード　109
⑥ 世界地図　123
⑦ 日本地図　129
⑧ 食べ物・飲み物カード　159
⑨ 食べ物カード [レストランメニュー]　175
⑩ 道路標識カード　179
⑪ アイコンカード (空港・デパートなどでの)　203
⑫ お天気マークカード　233

おたすけタスク
初級日本語クラスの文型別タスク集

あげる / もらう

文型	：黄さんはベンさんにクッキーを<u>あげました</u>。
ゴール	：人にあげた／もらったプレゼントを発表する
活動の種類	：グループ［Q＆A］
用意するもの	：絵カード（人数分）

手順

1. 絵カードを切り離し、人数分用意する。
2. 絵カードが教師からのプレゼントであることを説明し、裏返しにしたまま各自1枚ずつ取らせ、品物を確認させる。
3. 学習者を6～7人程度のグループにする。
4. お互いが先生に何をもらったか、聞き合う。

> 質問例　A：Bさんは先生に何をもらいましたか。
> 　　　　B：時計をもらいました。

5. 今度は、もらった品物をグループ内で交換するよう指示する。
6. 終了後、グループ内で、何をあげて何をもらったか聞き合う。
7. クラスで結果を発表する。

> 質問例　A：Bさんは何をあげましたか。
> 　　　　B：時計をあげました。
> 発表例　A：BさんはCさんにクッキーをあげました。

アドバイス

- あらかじめ「どうぞ」「どうも」のやりとりを練習しておくとよい。
- 各学習者に配る絵カードの数を増やし、複数の人と交換させてもよい。
- プレゼントにする絵カードは、次ページの現実的な物のほか、高価なもの（ダイヤモンド、車など）、もらって困るもの（ゾウ、センスの悪い花瓶）などを入れると盛り上がる。その場合、語彙に注意すること。
- 先生からのプレゼントの場合は、「いただく」を用いるのが望ましいが、ここでは便宜上「もらう」を使用している。学生のレベルに応じて変更してほしい。
- 実際に誕生日やクリスマスにあげたり、もらったりしたプレゼントを、ペアで聞き合う活動もできる。（いつ、だれに、何をあげたか／もらったか、表を埋めるなど）

語句

ＣＤ、映画のチケット、靴下、Ｔシャツ、クッキー、日本料理の本、チョコレート、時計、かばん、かさ

▶絵カード

～あとで　　～たあとで

```
文型　　　　：昼ご飯を食べたあとで何をしましょうか。
ゴール　　　：休日の予定を決める
活動の種類　：ペア［話し合い］
用意するもの：絵シート・タスクシート（それぞれペア数分）
```

手順

1. タスクシートと絵シートをペア数分用意する。
2. 学習者をペアにし、絵シートとタスクシートを各ペアに1枚ずつ配る。
3. 全体でシートの絵について語句を確認する。
4. 教師が「休みの日に○○へ行きましょう」「駅で会ったあとで何をしましょうか」「駅で会ったあとでコーヒーを飲みましょう」などと会話をしながら、タスクシートの「私たち」の欄に記入してみせる。
5. ペアで休日の予定を話し合い、その結果をタスクシートに書き込んでいく。

> 例　A：駅で会ったあとで、何をしましょうか。
> 　　B：コーヒーを飲みましょう。
> 　　A：コーヒーを飲んだあとで、何をしましょうか。
> 　　B：映画を見ましょう。

6. 最後にクラス全体でペアごとに発表する。ほかのペアは聞きながら各ペアの結果をシートに書き込む。

> 例　A：駅で会ったあとで、コーヒーを飲みます。コーヒーを飲んだあとで、映画を見ます。映画を見たあとで、昼ご飯を食べます。

7. 正しく聞き取れたか、確認する。

アドバイス

- 空白カード h）と i）に新しい行動を付け加えてもよい。
- この活動は、「～て、～て」「～るまえに」「～てから」などの練習にも活用できる。
- 応用として、タスクシートなしで休日の予定を自由に決めたり、日本地図を渡し、旅行日程を決めたりすることもできる。

語句

a) 駅で会う、b) アイスクリームを買う、c) 公園を散歩する、d) 本屋へ行く、
e) 映画を見る、f) 昼ご飯を食べる、g) コーヒーを飲む

▶絵シート

▶タスクシート

ペアの名前 _{なまえ}	休 日 の 予 定 _{きゅう じつ　　よ　　てい}
私たち _{わたし}	a)→　　→　　→　　→　　→　　→
	a)→　　→　　→　　→　　→　　→
	a)→　　→　　→　　→　　→　　→
	a)→　　→　　→　　→　　→　　→
	a)→　　→　　→　　→　　→　　→

ありますか / いくらですか

文型	：カメラ、ありますか。いくらですか。
ゴール	：買いたいものをどこで買えばよいか調べる
活動の種類	：グループ（8～12人）［ロールプレイ］
用意するもの	：お店カード、買い物カード（それぞれ人数分）

手順

1. お店カードと買い物カードを、それぞれ人数分用意し、切り離す。
2. 学習者を 8～12 人のグループに分け、グループの中で客の役と店の役を決める。
3. 店役にお店カード、客役に買い物カードを 1 人 1 枚ずつ配り、アイテムの語彙を確認する。
4. 客役の人は、買い物カードに書いてあるアイテムの値段を店役の人に聞いて回って、カードに書き込む。
5. 結果を見てどこの店で買うか決め、発表する。
6. 役割を交代して、もう一度行う。

例　A：すみません、カメラ、ありますか。
　　B：いいえ、ありません。
　　A：あ、そうですか。ありがとうございます。
　　　　すみません、カメラ、ありますか。
　　C：ええ、あります。
　　A：いくらですか。
　　C：5000 円です。
　　A：5000 円ですね。

アドバイス

- 複数のスーパーなどの広告を集めてきて、同じ品物の値段を調べあって、安い店はどこか検討してもよい。

語句

かさ、カメラ、日本酒、地図、アイスクリーム、くつ、スーパー

▶ お店カード

スーパーA	
かさ	1900円
カメラ	5000円
日本酒	700円
地図	300円
アイスクリーム	380円
くつ	ありません

スーパーB	
かさ	1600円
カメラ	5800円
日本酒	ありません
地図	330円
アイスクリーム	420円
くつ	1800円

スーパーC	
かさ	500円
カメラ	ありません
日本酒	270円
地図	120円
アイスクリーム	450円
くつ	2200円

スーパーD	
かさ	ありません
カメラ	750円
日本酒	150円
地図	600円
アイスクリーム	240円
くつ	440円

スーパーE	
かさ	3000円
カメラ	28000円
日本酒	1400円
地図	115円
アイスクリーム	ありません
くつ	5000円

スーパーF	
かさ	5000円
カメラ	30000円
日本酒	3000円
地図	ありません
アイスクリーム	400円
くつ	4800円

▶買い物カード

かさ		カメラ	
A	_____円(えん)	A	_____円(えん)
B	_____円	B	_____円
C	_____円	C	_____円
D	_____円	D	_____円
E	_____円	E	_____円
F	_____円	F	_____円

日本酒(にほんしゅ)		地図(ちず)	
A	_____円(えん)	A	_____円(えん)
B	_____円	B	_____円
C	_____円	C	_____円
D	_____円	D	_____円
E	_____円	E	_____円
F	_____円	F	_____円

アイスクリーム		くつ	
A	_____円(えん)	A	_____円(えん)
B	_____円	B	_____円
C	_____円	C	_____円
D	_____円	D	_____円
E	_____円	E	_____円
F	_____円	F	_____円

コラム
現場でうまく生かすコツ

1 タスク活動に入る前に（タスクへの導入）

タスク活動への導入は、以下の①〜⑤の手順で行うといいでしょう（文法の説明は済んでいることとします）。コラム②③『タスク活動を盛り上げるヒントⅠ・Ⅱ』(p.41, p.53)も合わせて参考にしてください。

①＜動機づけ・ムード作り＞
　タスクの状況に関連した話題を雑談風に話したり、ビデオや実物を見せたりしながら、学習者の経験談を引き出し、意識や想像力を高めます。うまくいけば、目標文型や語彙もさりげなく導入できるでしょう。新米教師の場合は、動機づけをせずにいきなりタスクに入って、ぎこちなくなることが多いので、短時間でも動機づけ・ムード作りに時間を割くようにしましょう（『〜ことができる／れる・られる(1)』の動機づけからタスク導入まで(p.47)に具体例を示してあります）。

②＜語彙・絵の確認＞
　タスクシートの文を読ませたり、絵シートの絵を指して単語を言わせたりして、タスクで使用する語彙を確認します。必要ならフラッシュカードで語彙や文法項目の口慣らしをするといいでしょう。

③＜状況・やり方の説明＞
　『教師の心得と授業前の準備』(p.vi)を参照してください。

④＜例の提示＞
　まずは、教師が率先してやってみせましょう。勘のいい学習者を相手にやってみせたり、教師対学習者全員でやってみる方法もあります。勝ち負けがあるゲームの場合は、練習ラウンドをして全員がルールを完全に把握した後、本番ラウンドに入ると、不公平感がなくできます。やり方の説明の前に、先に例を提示した方が効果的な場合もあります。

⑤＜個別の指示＞
　タスクのやり方を理解するのに個人差があったり、間違って解釈している場合もあるので、特に個人やペアで行うタスクについては、活動を開始した後で個別に補足説明して回るといいでしょう。

ある / いる（1）　　〜に〜があります

文型	： いすの<u>上</u>に本が<u>あります</u>。
ゴール	： 絵を描写する / 描写の説明を聞いて描く
活動の種類	： ペア　［ゲーム（描写 / 描画）］
用意するもの	： タスクシート1(A・B)，2(A・B)（ペア数分）

手　順

1. タスクシートをペア数分用意し、切り離す。
2. 学習者をペアにして、一方にタスクシート1のAを、もう一方にBを配る。シートはお互いに見せないようにする。
3. Aは絵の内容をBに説明する。Bはそれを聞きながら絵を完成させる。
4. Aは自分の絵をBに見せ、合っているかどうか確認する。
5. 役割を交代し、タスクシート2を用いて同様に行う。

```
例　A：いすの上に本があります。
　　　：本の上にえんぴつがあります。
　　　：いすの前にかばんがあります。
　　　：いすの後ろにかさがあります。
　　B：（カードに絵を描いていく）
```

アドバイス

- Bは絵を描く代わりに、実物を用いてAの指示どおり並べることもできる。
- 自分の部屋の中の物や、家の近所の建物などの位置関係を説明し合うこともできる。

語　句

上、下、中、前、後ろ、横（そば）、いす、本、えんぴつ、かばん、かさ、ぼうし、つくえ、カップ、ボール、スプーン

▶タスクシート1

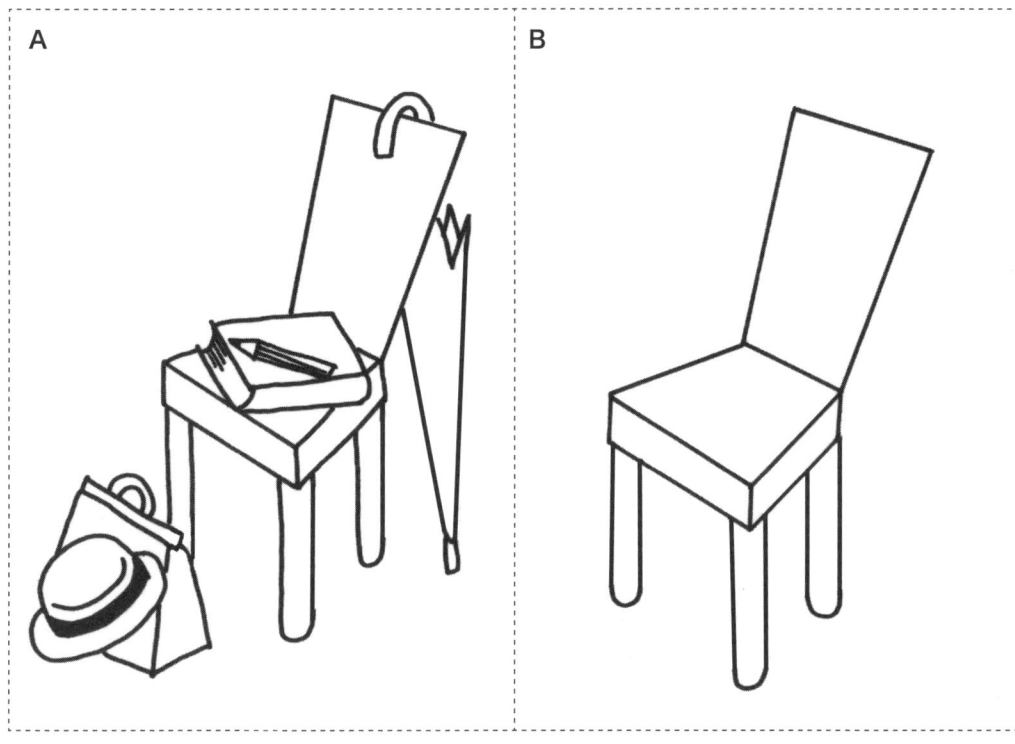

▶タスクシート2

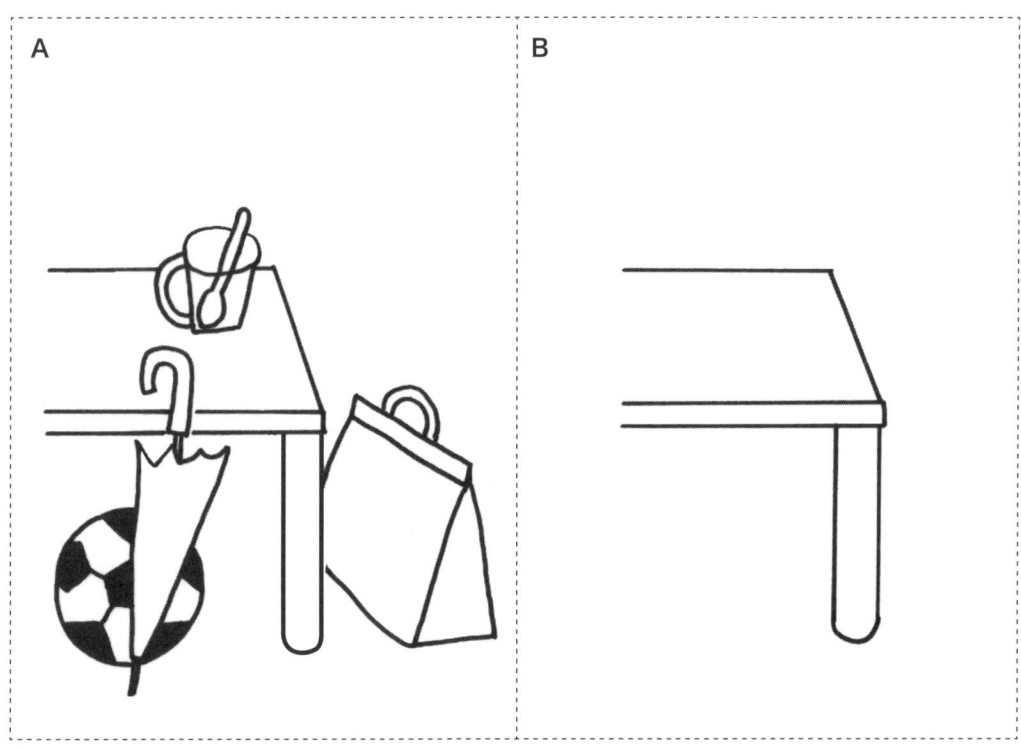

ある / いる (2) 〜は〜にあります / います

文型	：ペンはテーブルの上にあります。
	イヌはまどの下にいます。
ゴール	：不完全な絵を完成させる
活動の種類	：ペア　[ゲーム（描写 / 描画）]
用意するもの	：タスクシート A・B（ペア数分）

手　順

1. タスクシートをペア数分用意し、切り離す。
2. 学習者をペアにして、一方にタスクシートAを、もう一方にBを配る。シートはお互いに見せないようにする。
3. 学習者は自分のタスクシートの上部ふきだしに絵で示されたものや人について場所を尋ね合い、答えをタスクシートに描き加えて完成させる。
4. お互いにタスクシートを見比べて答えを確認する。

> 例　A：Bさん、イヌはどこにいますか。
> 　　B：イヌはまどの下にいます。
> 　　（Aはイヌの絵を書き入れる）
> 　　　　Aさん、ペンはどこにありますか。
> 　　A：ペンはテーブルの上にあります。
> 　　（Bはペンの絵を書き入れる）

アドバイス

- ふきだしのヒントを使わずに絵を説明し合えば、「〜が〜にあります / います」の練習にもなる。

語　句

男の子は部屋(家・窓)の外にいます。
ネコはイスの下にいます。
かばんはつくえの下にあります。
手紙はつくえの上にあります。
ペンはテーブルの上にあります。
リンゴはイスの上にあります。
女の子はドアの前(そば)にいます。
イヌは窓の下にいます。
時計はつくえの上にあります。
本はテーブルの上にあります。
えんぴつはつくえの中にあります。
バナナはテーブルの上(本の横・右)にあります。

＜完成例＞

▶タスクシート

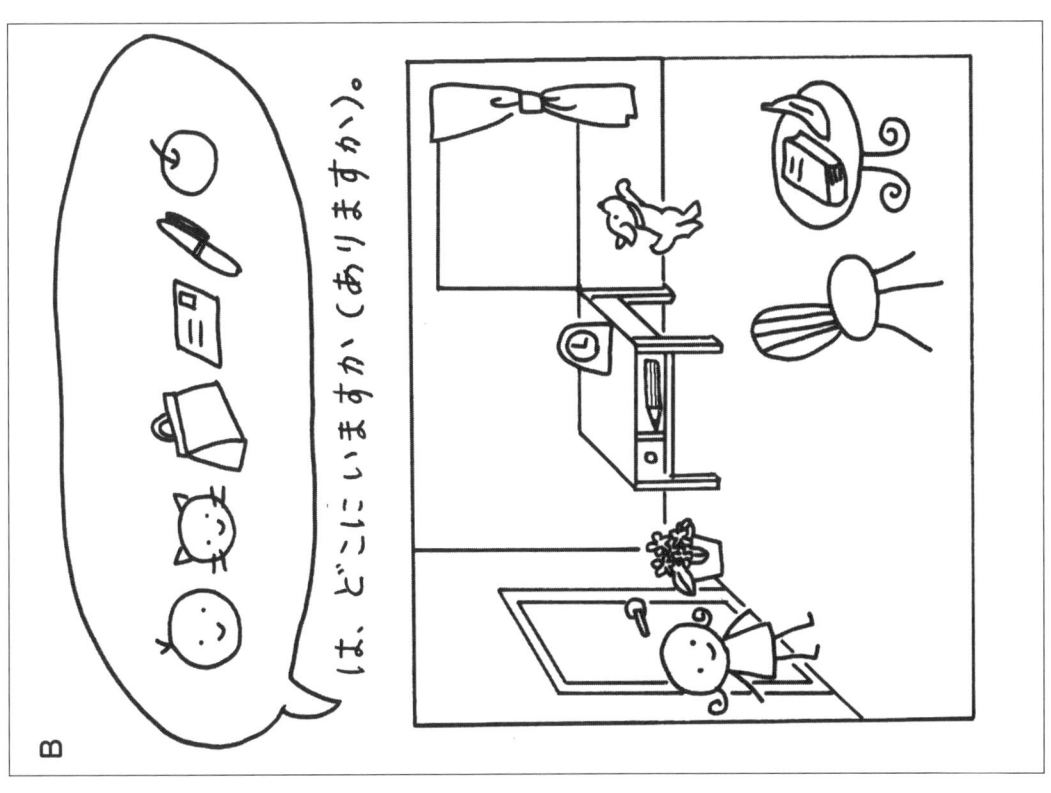

ある / いる (3)　〜は〜にありました  クラス

> 文型　　　：ぼうしはテレビの上にありました。
> ゴール　　：部屋の中に隠されたものを見つけ出す
> 活動の種類：クラス全体　[ゲーム（宝探し）]
> 用意するもの：既習語彙の範囲の小物いろいろ（人数と同数程度）

手　順

1. 授業が始まる前に、用意した小物を教室のあちこちに置いて（隠して）おく。
2. 教師は口頭あるいは板書で、室内に隠されているものが何かを知らせる。
3. 学習者はそれぞれ教室内を探して、小物を見つける。
4. ひととおり見つかったら、学習者同士で聞き合う（このときは過去形にする）。

> 例　T：この部屋にぼうしと、かさと、じしょと、… があります。
> 　　　　どこにありますか。
> 　　　　（ひととおり探し終えたら、学習者は見つけたものを持って着席する。）
> 　　A：Bさん、ぼうしはどこにありましたか。
> 　　B：テレビの上にありました。

アドバイス

- 用意した小物のほかに、教室内の備品、学習者の座っている位置関係や出欠などの状況を利用して質問し合うこともできる。建物や部屋の配置等も利用できる。
- 用意したものがすべて見つかるまで探してもいいし、時間の都合によっては、あらかじめ制限時間を決めてもいい。

語　句

上・下・横・中・前・後ろ・そば・近く・むこう・外・となり・右・左

付録 1 動物カード［十二支など］

ある / いる (4)　〜は〜にあります / います

クラス

文型	：この島は九州の南にあります。
ゴール	：問題を聞きとって、答えを当てる
活動の種類	：クラス全体　[クイズ]
用意するもの	：動物の絵カード(p.15, 37)、世界地図・日本地図(p.123, 129)

手　順

1. 動物カードや地図を黒板に貼る。
2. 動物の名や国名などの語彙を確認する。
3. 教師が問題を出し、学習者は絵や地図の中から答えを選んで答える。
4. 慣れてきたら、学習者が各自で問題を作り、問題を出し合う。

例　問題：
- この動物はオーストラリアの木の上にいます。　　答え：コアラです。
- この動物はアフリカとインドにいます。　　　　　　　　ゾウです。
- この動物は中国にいます。　　　　　　　　　　　　　　パンダです。
- この島は九州の南にあります。　　　　　　　　　　　　沖縄です。
- この国はオーストラリアの東にあります。　　　　　　　ニュージーランドです。
- この国はアメリカの北にあります。　　　　　　　　　　カナダです。
- この国はスペインの西にあります。　　　　　　　　　　ポルトガルです。
- この国はタイの東にあります。　　　　　　　　　　　　ベトナムです。

アドバイス

- 語彙が負担になりそうな場合は、絵カードに名前を書き込む、数字で番号をつけるなどの工夫をする。
- 学習者の語彙や知識に余裕があれば、用意した絵カードや地図から離れた問題を作らせてもいい。
- 連体修飾の練習にも使える。
    例：オーストラリアの木の上にいる動物は？

語　句

オーストラリア、コアラ、アフリカ、インド、ゾウ、中国、パンダ、九州、沖縄、ニュージーランド、アメリカ、カナダ、スペイン、ポルトガル、タイ、ベトナム

2 絵シート・文字カード、タスクカード・シートを利用する際の工夫

　教材にひと工夫すると、教師自身にとって取り扱いが楽になるだけでなく、学習者にとっても見やすく、親しみのあるものになります。また、教師が学習者のためにひと手間かけていることが伝われば、それだけでクラスの雰囲気もよくなり、学習者のやる気を引き出すことができると考えられます。

▶提示用の絵シート、文字カードなどの工夫
- クラス全体に見せるものは、学生数にあわせて見えやすい大きさに拡大して用いる。
- 複数の絵シートや文字カードを提示する際は、後ろから前へめくっていく。カードの裏におもての内容を小さく書いておけば、おもてを見て確認しなくてもよい。
- カードを持つ際には、おもての内容を隠さないように手の位置に注意する。また、全員が見えるように、角度にも気を配る。

▶配布用のタスクカード・シート、絵カードなどの工夫
- 学習者が持ち帰るものには、クラス名、日付を入れておくとよい。
- 文字の書いてあるタスクカードは、学習者のレベルにあわせ、ひらがなやローマ字にしたり、ふりがなをふったり、母語にしたりする。
- 年配の学習者がいる場合、文字の大きさを拡大するとよい。
- コピーするときには、文字を書き込むのに十分なスペースがあるか必ず確認する。
- ページ数などの不要な情報は修正液などで消してから用いる。
- 人物名や場所名、語彙などは、学習者の親しみのあるものに変えてから使う。
- 海外で教える際、日本でしか通じないものは、変更して用いる(郵便局のマークや一部の交通標識など)。
- ペア活動用など、何種類もシートやカードがあるときは、A・Bなどの記号番号に違う色のペンで印をつけたり、台紙の色を変えたり、紙の縁をマーカーで色分けしたりして区別しやすくしておく。
- 使いまわしするカードやシートは、厚紙に貼るなどして耐久性のあるものにする。

　授業前にカード・シート類は、活動ごとにまとめ、使用する順に番号を振っておくといいでしょう。その番号を教案にも記入しておけば、すぐに取り出して使うことができます。

いつですか　　日付

> 文型　　　：子どもの日は<u>いつですか</u>？
> ゴール　　：日本の行事、祝日や相手の誕生日を知る
> 活動の種類：ペア［Q＆A］
> 用意するもの：タスクシートA・B（ペア数分）

手順

1. タスクシートをペア数分用意し、切り離す。
2. 学習者をペアにして、一方にタスクシートAを、もう一方にBを配る。シートはお互いに見せないようにする。
3. お互いに空欄の日付を尋ね合って、シートに書き込む。

> 例　A：子どもの日はいつですか。
> 　　B：5月5日です。ひなまつりはいつですか。
> 　　A：3月3日です。
> 　　　　Bさんのお誕生日はいつですか。
> 　　B：わたしの誕生日は3月20日です。

4. 全体が終わった頃を見計らって、クラスで答えの確認をする。

アドバイス

- タスクで使う祝祭日についてあらかじめ説明しておく。「国民の祝日」とそうではない行事がまざっているので、必要に応じてその説明もする。
- カレンダーなどを見ながら、月と日の語彙を導入しておく。
- 誕生日や祝日について話し合い、タスクで使う祝日についてあらかじめ説明しておく。
- 最後に学習者の誕生日で聞き取り練習をしてもよい。教室のカレンダーに記入させると答えの確認にもなるし、学習者も喜ぶ。
- 時間があれば、自分の国の祝日について話してもらう。
- 学校暦などへの応用もできる。

語句

<日本の「国民の祝日」>
元旦(1/1)、成人の日(1月の第2月曜日)、建国記念の日(2/11)、春分の日(3/21ごろ)、昭和の日(4/29)、憲法記念日(5/3)、みどりの日(5/4)、こどもの日(5/5)、海の日(7月の第3月曜日)、秋分の日(9/23ごろ)、敬老の日(9月の第3月曜日)、体育の日(10月の第2月曜日)、勤労感謝の日(11/23)、天皇誕生日(12/23)

<その他の行事>
節分(2/3ごろ(立春の前日))、ひなまつり(3/3)、衣替え(6月1日・10月1日ごろ)、夏至(6/21ごろ)、七夕(7/7)、お盆(7月または8月13日～16日)、十五夜(9月中旬～10月初頭(旧暦8月15日))、七五三(11/15)、冬至(12/22ごろ)、大晦日(12/31)、(お)誕生日

▶タスクシート

A

元日(がんじつ)	月　日	七夕(たなばた)	7月　7日
ひなまつり	3月　3日	七五三(しちごさん)	月　日
こどもの日(ひ)	月　日	文化の日(ぶんか)	11月　3日

（　　　　　　）さんの誕生日(たんじょうび)　　　月　　日

B

元日(がんじつ)	1月　1日	七夕(たなばた)	月　日
ひなまつり	月　日	七五三(しちごさん)	11月15日
こどもの日(ひ)	5月　5日	文化の日(ぶんか)	月　日

（　　　　　　）さんの誕生日(たんじょうび)　　　月　　日

いつも

頻度, よく, ときどき, あまり / ほとんど / ぜんぜん〜ない

クラス

文型	：<u>ときどき</u>朝ごはんを食べます。
ゴール	：クラスのだれがいちばん健康的な生活をしているか調べる
活動の種類	：クラス全体［アンケート（健康アンケート）］
用意するもの	：タスクシート（人数分）

手 順

1. タスクシートは人数分用意し、あらかじめ上のふきだし部分に、それぞれに異なった質問項目を書き込んでおく。

> 質問項目例：運動をしますか，お酒を飲みますか，朝ごはんを食べますか，
> 　　　　　　階段をのぼりますか，朝早く起きますか，12時前に寝ますか，
> 　　　　　　たばこを吸いますか，部屋の掃除をしますか，など。

2. 副詞を導入したのち、学習者に1枚ずつタスクシートを配る。
3. 自分のタスクシートにある質問をほかの学習者に尋ねて回り、名前と答えを書き込む。

> 例　A：Bさんは運動をしますか。
> 　　B：はい、毎日します。
> 　　A：Cさんは運動をしますか。
> 　　C：はい、ときどきします。

4. ひととおり終わったら、全体で結果を発表し合って、だれが一番健康的な生活をしているか話し合う。

アドバイス

- 副詞の導入には、頻度に差が出そうな日常行動（朝ごはんを食べる、テレビを見る、お酒を飲むなど）を話題にして、「一ヶ月／一週間に〜回」や「毎日／月曜日と水曜日」といった具体的な頻度から、「いつも、ときどき、たまに」といった新しい語彙に導いていくといい。

語 句

いつも、毎日、よく、ときどき、あまり／ほとんど／ぜんぜん〜ない

▶タスクシート

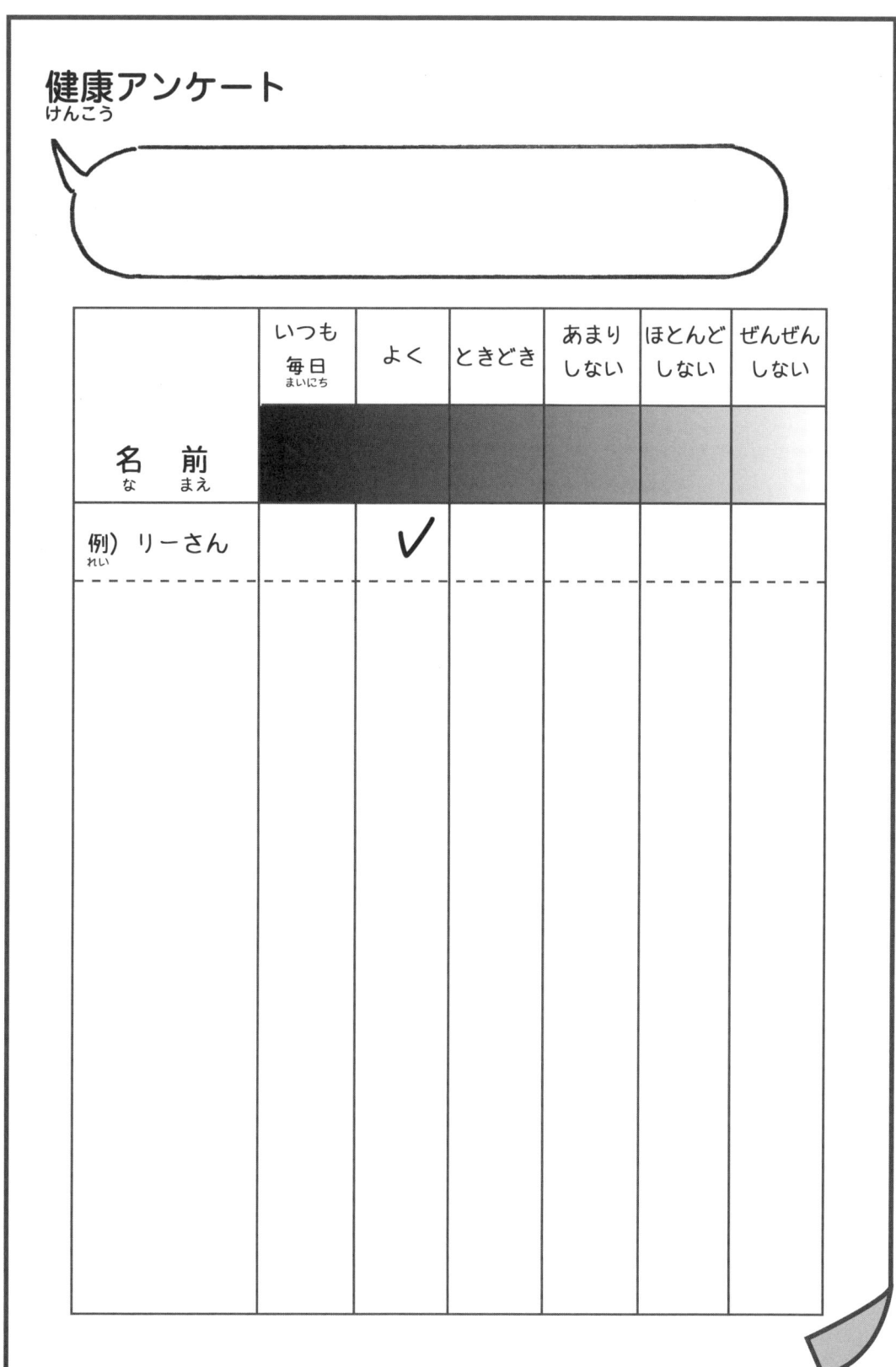

～う / よう　　意向形

```
文型　　　　　：車で行こう。
ゴール　　　　：旅行の計画を立てる
活動の種類　　：ペア［話し合い］
用意するもの　：タスクシート（ペア数分）
```

手順

1. タスクシートをペア数分用意し、切り離す。「行くところ」など内容は適宜変更するとよい。
2. 学習者をペアにして、各ペアにタスクシートを1枚ずつ配る。
3. 「～（よ）う」を使って話し合い、シートの4つの項目について決める。

> 例　A：どこへ行こうか。
> 　　B：広島へ行かない？
> 　　A：いいね。広島へ行こう。何で行く？
> 　　B：車で行こう。
> 　　A：車は大変だよ。電車で行こう。

4. 決まったら、ペアごとに「～（よ）うと思います」を使って発表する。

アドバイス

- くだけたスタイルの会話であることを認識させてから始める。
- 目的地について、どんなところか話をしておくとタスクを進めやすい。行ったことのある学習者に話してもらってもいい。
- 「～ましょう」を使ってもよい。

語句

行くところ、交通、泊まるところ、集合時間・場所、東京、京都、大阪、広島、
飛行機、電車、車、バス、自転車、船、歩いて、ホテル、旅館、テント、友達の家、時、分、

▶タスクシート（2枚分）

行くところ	東京・京都・大阪・広島・（　　　　　）
交通	飛行機・電車・車・バス・自転車 船・歩いて・（　　　　　）
泊まるところ	ホテル・旅館・テント・友達の家・（　　　　　）
集合時間・場所	＿＿＿＿時＿＿＿＿分 場所：＿＿＿＿＿＿

行くところ	東京・京都・大阪・広島・（　　　　　）
交通	飛行機・電車・車・バス・自転車 船・歩いて・（　　　　　）
泊まるところ	ホテル・旅館・テント・友達の家・（　　　　　）
集合時間・場所	＿＿＿＿時＿＿＿＿分 場所：＿＿＿＿＿＿

かかる(1)　時間・値段

> 文型　　　　：アメリカまでエアメールでいくら(何日)かかりますか。
> ゴール　　　：郵便を出すのに必要な情報を得る
> 活動の種類　：ペア［Q＆A］
> 用意するもの：タスクシートA・B(ペア数分)

手　順

1. タスクシートをペア数分用意し、切り離す。
2. 学習者をペアにして、一方にタスクシートAを、もう一方にBを配る。シートはお互いに見せないようにする。
3. 学習者は、お互いにシートの空欄について尋ね合い、記入する。

> 例　A：ブラジルまでエアメールでいくらかかりますか。
> 　　B：4600円です。
> 　　A：船便で何日(どの／どれ)くらいかかりますか。
> 　　B：3ヶ月くらいかかります。

アドバイス

- タスクシートの例は、実際に1キロの荷物を送る場合の料金である。ただし、所要日数は、練習のため一定の日数に決めた。
- 時間が限られている場合は、あらかじめ空欄をいくつか埋めたものを使うといい。

語　句

国際エクスプレスメール(EMS)、エアメール(航空便)、エコノミー(SAL)、船便、中国、インド、アメリカ、フランス、ブラジル、料金(円)、日数(〜日、〜週間、〜ヵ月)

料金(円)／1kg 日数(日)	中国	インド	アメリカ	フランス	ブラジル
国際エクスプレスメール(EMS)	1800円 2日	1800円 3日	2400円 2日	2800円 2日	3800円 4日
エアメール	2050円 5日	2700円 1週間	3350円 5日	3350円 1週間	4600円 10日
エコノミー(SAL)	1800円 10日	2200円 2週間	2700円 10日	2700円 2週間	3400円 20日
船便	1500円 2ヵ月	1700円 3ヵ月	1800円 2ヵ月	1800円 2ヵ月	2200円 3ヵ月

(国際小包料金表より　2007年現在)

▶タスクシート

A

料金(円)/1kg 日数(日)	中国	インド	アメリカ	フランス	ブラジル
国際エクスプレスメール(EMS)	1800円 2日	1800円 3日	2400円 2日	____円	____円
エアメール(航空便)	2050円 5日	2700円 1週間	3350円 5日	____円	____円
エコノミー(SAL)	1800円 10日	2200円 2週間	____円	____円	____円
船便	1500円 2ヵ月	____円	____円	1800円 2ヵ月	____円

B

料金(円)/1kg 日数(日)	中国	インド	アメリカ	フランス	ブラジル
国際エクスプレスメール(EMS)	____円	____円	____円	2800円 2日	3800円 4日
エアメール(航空便)	____円	____円	____円	3350円 1週間	4600円 10日
エコノミー(SAL)	____円	____円	2700円 10日	2700円 2週間	3400円 20日
船便	____円	1700円 3ヵ月	1800円 2ヵ月	____円	2200円 3ヵ月

かかる(2)　時間・値段

クラス

文型	：家から学校まで1時間かかります／1000円かかります。
ゴール	：A地点からB地点までかかる時間と金額を言う
活動の種類	：クラス全体［アンケート（時間・値段チェック）］
用意するもの	：タスクシート1・2（人数分）

手順

1. タスクシート1を人数分用意し、切り離す。
2. 学習者にタスクシート1を1人1枚ずつ配り、記入の仕方について説明する。
3. 学習者は、自分の家から学校までの交通手段、かかる時間、金額をタスクシートに記入する。
4. 各自、ほかの学習者にインタビューし、2列目以降に同様に記入する。

> **インタビュー例**
> A：リーさん、家から学校まで何で来ますか。
> B：電車とバスで来ます。（A記入「電車とバス」）
> A：時間はどれぐらいかかりますか。
> B：1時間ぐらいかかります。（A記入「1時間」）
> A：（お金は）いくらかかりますか。
> B：1000円かかります。（A記入「1000円」）

5. ひととおり終ったら、発表する。

> **発表例**
> A：リーさんは、家から学校まで電車とバスで1時間ぐらいかかります。
> 　（お金は）1000円かかります。

アドバイス

- タスクシート2を用いて、「国から日本まで」「故郷の町からこの町まで」など聞いてもよい。
- お金が全くかからない場合は、「お金はかかりません」を使用するよう指導する。同様に、時間が短い時は「かかります」をあまり使わないので、できれば「5分しかかかりません」を導入したい。
- 発表後、クラスで一番通学時間やお金がかかる人／かからない人を、クラス全体で確認してもよい。

語句

電車、バス、バイク、自転車、車、徒歩／歩いて、時間、お金、家、学校、家、学校

▶タスクシート

1
家(いえ)から学校(がっこう)まで

名前(なまえ)	何(なに)で	時間(じかん)	お金(かね)
(例(れい))リー	電車(でんしゃ)とバス	1時間(じかん)	1000円(えん)
私(わたし)			

2
(　　　　　)から(　　　　　)まで

名前(なまえ)	何(なに)で	時間(じかん)	お金(かね)
(例(れい))リー	電車(でんしゃ)とバス	1時間(じかん)	1000円(えん)
私(わたし)			

かかる（3）　時間・値段

```
文型　　　　：長野まで新幹線でどのくらい（いくら）かかりますか。
ゴール　　　：乗り物で出かけるのに必要な情報を得る
活動の種類　：ペア［Q & A］
用意するもの：タスクシートA・B（ペア数分）
```

手　順

1. タスクシートをペア数分用意し、切り離す。
2. 学習者をペアにして、一方にタスクシートAを、もう一方にBを配る。シートはお互いに見せないようにする。
3. 学習者は、お互いに自分のシートの空欄部分について尋ね合い、記入する。

```
例  A：東京から長野まで新幹線でどのくらいかかりますか。
    B：1時間半ぐらいかかります。
    A：いくらかかりますか。
    B：8000円です。
```

アドバイス

- 日本地図などでだいたいの場所を確認してからはじめるとよい。
- 列車以外に、フェリー・バス・飛行機など別の交通手段を取り入れてもよい。
- 東京以外で使う場合、その場所を出発地にして同じような表を作るとよい。
- 実際に旅行に行く予定があれば、実用にもなって現実的で盛り上がる。また、それぞれの場所に行きたくなるような話題の話や練習から続けると盛り上がる。
- タスクシートは国内向きなので、外国ではその国のデータを使うとよい。
- 学習者のふるさとへの行き方を聞いてもよい。
- タスクシートの数字は実際の料金や所要時間をおおよその数字にしたものである。

語　句

新幹線、電車、船、バス、飛行機、料金、長野、大阪、仙台、広島、時間、円

東京から / 乗り物	長野	大阪	仙台	仙台
新幹線	1.5時間 8000円	2.5時間 14000円	2時間 10000円	4時間 18000円
電車	4.5時間 5000円	8.5時間 8500円	5時間 9000円	14時間 11000円
バス	3.5時間 4000円	8.5時間 9000円	5.5時間 6000円	12時間 12000円

▶タスクシート

A

東京から 乗り物	長野	大阪	仙台	広島
新幹線	＿＿時間 ＿＿円	2.5 時間 14000 円	＿＿時間 ＿＿円	4 時間 18000 円
電車	4.5 時間 5000 円	＿＿時間 ＿＿円	5 時間 9000 円	＿＿時間 ＿＿円
バス	＿＿時間 ＿＿円	8.5 時間 9000 円	＿＿時間 ＿＿円	12 時間 12000 円

B

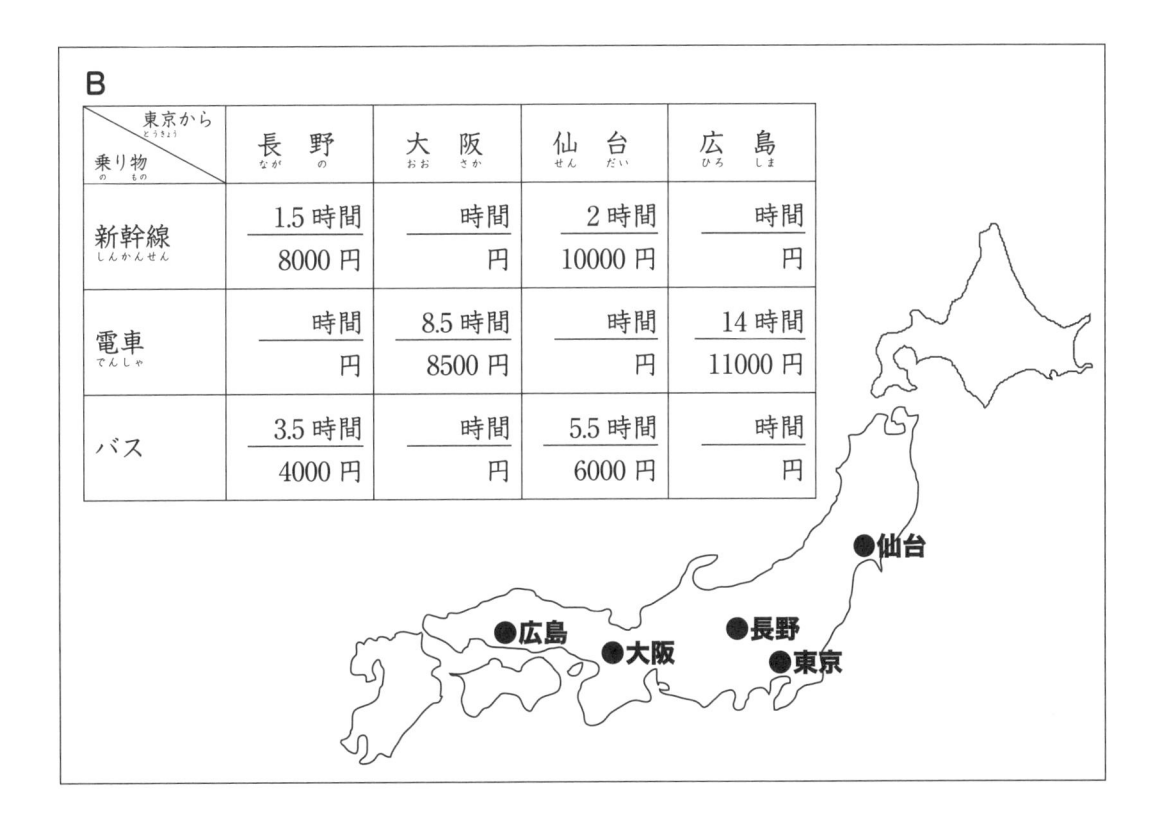

東京から 乗り物	長野	大阪	仙台	広島
新幹線	1.5 時間 8000 円	＿＿時間 ＿＿円	2 時間 10000 円	＿＿時間 ＿＿円
電車	＿＿時間 ＿＿円	8.5 時間 8500 円	＿＿時間 ＿＿円	14 時間 11000 円
バス	3.5 時間 4000 円	＿＿時間 ＿＿円	5.5 時間 6000 円	＿＿時間 ＿＿円

～(の)かもしれない

グループ
(3〜5人)

文型 ：事故があった<u>のかもしれません</u>。
ゴール ：絵の状況を推測して説明する
活動の種類 ：グループ(3〜5人)［ゲーム（状況説明）］
用意するもの：絵カード(拡大1セット)

手 順

1. 絵カードを拡大して、切り離す。
2. 学習者を2組のグループ(3〜5人)に分け、先攻・後攻を決める。
3. 教師が絵カードを1枚見せ、学習者はグループで、その理由が何かを話し合う。
4. グループ対抗で交互に「かもしれません」を使って理由を述べる。
5. 先に言えなくなったグループの負け。

例 T(教師) ：(「人だかり」の絵を見せて)たくさん人が集まっていますね。
 どうしたんでしょうか。
 Aグループ ：デパートのバーゲンセール(なの)かもしれません。
 Bグループ ：事故があったのかもしれません。
 Aグループ ：テレビドラマのロケ(なの)かもしれません。
 Bグループ ：映画スターの○○がいるのかもしれません。
 Aグループ ：パソコンを1万円で売っているのかもしれません。
 Bグループ ：……。
 T ：Aグループの勝ちです。

アドバイス

- 状況説明の「のだ」に「かもしれない」がついた形で、単なる予測の「かもしれない」とは用法が異なることに注意する。
- 人数が多い場合は、グループ内の人数よりもグループ数を増やすとよい。

語 句

人だかり：デパートのバーゲンセール、事故があった、テレビドラマのロケをしている、
 映画スターがいる、パソコンを売っている
ちらかっている部屋：泥棒が入った、地震があった、引っ越し準備をしている、
 何かを探している、寝坊して急いででかけた
喜んでいる人：テストが100点だった、恋人ができた、子供がうまれた、
 入学試験に合格した
落ち込んでいる人：テストが悪かった、恋人にふられた、寝ているだけ

▶絵カード

～から～まで　　時　間

> 文型　　　　：9時から6時までです。
> ゴール　　　：デパートなどの営業時間を調べる
> 活動の種類　：ペア［Q＆A］
> 用意するもの：タスクシートA・B(ペア数分)

手　順

1. タスクシートをペア数分用意し、切り離す。
2. 学習者をペアにして、一方にタスクシートAを、もう一方にBを配る。シートはお互いに見せないようにする。
3. 「AM」「PM」の意味を確認する。
4. 学習者は、お互いにシートの空欄(時間が分からないところ)について尋ね合い、記入する。

> 例　A：あさい銀行は、何時から何時までですか。
> 　　B：9時から3時までです。さくら図書館は何時までですか。
> 　　A：7時までです。

5. ひととおり終わったら、お互いにタスクシートを見比べて答えを確認する。

アドバイス

- 日常会話では、「午前」「午後」は省かれることが多いので、言わせる必要はない。
- タスクシートからは必要な情報が拾えればよい。「年中無休」「土・日休業」など、直接タスクでは使わない情報も入っているが、特に導入する必要はない。
- 実際のパンフレットや広告を利用すれば現実的になる。また、各学習者にデパート・図書館など1カ所ずつ営業時間を調べてもらい、報告させてもよい。
- 日本での活動の場合、デパートなどに電話をさせ、営業時間を尋ねさせてもよい。
- 活動前の練習には、場所カード(「こそあど(2)」p.43)が利用できる。その場合、付箋紙などでカードに時間を貼りつけ、「デパートは何時から何時までですか」と学習者に尋ねる。

語　句

スーパー、すし(屋)、銀行、図書館、AM、PM

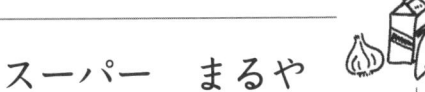

▶タスクシート

A

スーパー　まるや
AM 9:30 〜 PM 9:00

年中無休
ねんじゅうむきゅう

すし　金太郎
　　　　　きんたろう

＿＿＿＿＿＿〜＿＿＿＿＿＿

木曜定休
もくようていきゅう

あさい銀行
　　　　ぎんこう

＿＿＿＿＿＿〜＿＿＿＿＿＿

土・日休業
ど　にちきゅうぎょう

さくら図書館
　　　　　としょかん

AM 10:00 〜 PM 7:00

月曜休館
げつようきゅうかん

B

スーパー　まるや

＿＿＿＿＿＿〜＿＿＿＿＿＿

年中無休
ねんじゅうむきゅう

すし　金太郎
　　　　　きんたろう

AM 11:30 〜 PM 10:00

木曜定休
もくようていきゅう

あさい銀行
　　　　ぎんこう

AM 9:00 〜 PM 3:00

土・日休業
ど　にちきゅうぎょう

さくら図書館
　　　　　としょかん

＿＿＿＿＿＿〜＿＿＿＿＿＿

月曜休館
げつようきゅうかん

～かわかる / かどうかわかる

ペア

文型	：何時まで<u>か</u>わかりません。おいしい<u>かどうか</u>わかりません。
ゴール	：レストランの情報をやり取りして、どこに行くか決める
活動の種類	：ペア［Q & A］
用意するもの	：タスクシート A・B(ペア数分)

手 順

1. タスクシートをペア数分用意する。
2. 学習者をペアにして、一方にタスクシート A を、もう一方に B を配る。シートはお互いに見せないようにする。
3. 「さくら」の情報を使って、教師が会話例をやってみせる。

> 例 A：「さくら」はどうですか。おすしの店ですけど。
> B：おいしいですか。
> A：ええ、おいしいですよ。
> B：休みはいつですか。
> A：木曜日です。だからきょうはだいじょうぶですよ。
> B：何時までですか。
> A：うーん、何時までかわかりません。

3. 学習者は、ペアでお互いにレストランの情報を聞き合い、タスクシートの記入欄に書き込む。
4. 2人で話し合って、どこに行くか決める。

アドバイス

- 次のような状況を設定して雰囲気を作っておく。
  - 状況：学習者は2人で夕食に行くところを探している。2人でレストランの情報をやり取りし、どこに行くのがよいか決める。
- レストランの情報は、実際に身近にあるところに書きかえると現実的になってよい。
- 知っているけれど実際に入って食事したことはない、という店があれば「おいしいかどうかわかりません」「高いかどうかわかりません」という文が使える。
- 学習環境に合わせ、「駐車場があるか」「英語のメニューがあるか」などの項目を加えてもよい。
- 外食の習慣がない学習者が多い国で使う時は、日本でのレストランの話をして、状況を理解させてからタスクに入るとよい。

語 句

すし、天ぷら、とんかつ、イタリア料理、中華料理、おいしい、まあまあ、高い、安い、休み

▶タスクシートA

◆ 例

名前	何の店？	おいしい？	高い？	何時まで？	休みは？
さくら	すし	おいしい	少し高い	?	木曜

◆「〜はどうですか。」と提案してみましょう。

名前	何の店？	おいしい？	高い？	何時まで？	休みは？
ラルゴ	イタリア料理	おいしい	安い	9：00	?
かつ大	とんかつ	?	?	10：00	日曜

◆ 友達はどこがいいと言っていますか。聞いて書いてください。

[記入欄]

名前	何の店？	おいしい？	高い？	何時まで？	休みは？

35

▶タスクシート B

◆例

名前	何の店？	おいしい？	高い？	何時まで？	休みは？
さくら	すし	おいしい	少し高い	?	木曜

◆友達はどこがいいと言っていますか。聞いて書いてください。

[記入欄]

名前	何の店？	おいしい？	高い？	何時まで？	休みは？

◆「〜はどうですか。」と提案してみましょう。

名前	何の店？	おいしい？	高い？	何時まで？	休みは？
しせん	中華料理	まあまあ	安い	11：00	?
天八	天ぷら	?	?	9：00	日曜

付録 2 動物カード

形容詞

文型 ： その本は、<u>大きい</u>ですか。いいえ、<u>大きくない</u>です。
ゴール ： 相手が選んだ本を当てる
活動の種類 ： ペア［ゲーム（絵当て）］
用意するもの ： 絵シート（人数分）

手順

1. 絵シートを人数分用意する。
2. 学習者をペアにして、絵シートを各自に1枚ずつ配る。
3. Aは16冊の本の中から1つを選び、Bに言わないようにする。
4. BはAに質問をして、Aがどの本を選んだか当てる。その際、「はい／いいえ」で答えられる質問でしか聞くことはできないとする。
5. 適宜役割を交代する。

> 例 B：Aさん、その本は、大きいですか。
> A：いいえ、大きくないです／大きくありません。
> B：Aさん、その本は、高いですか。
> A：はい。高いです。
> B：6番ですか。
> A：いいえ。ちがいます。
> B：新しいですか。
> A：はい。新しいです。
> B：2番ですか。
> A：はい、そうです。

アドバイス

- ナ形容詞をまぜてもよい。（**例：その本は簡単ですか。きれいですか。**）
- 絵シートの本の絵に色をつけてもよい（例：赤い、白い）。ただし、「緑の」「ピンクの」など名詞の色もあるので注意してほしい。「赤い／赤の」と二通り言えるものもあるので、学習者が混乱しないように気をつけること。

語句

大きい／小さい、高い／安い、新しい／古い、難しい／やさしい(簡単な)、厚い／薄い

▶絵シート

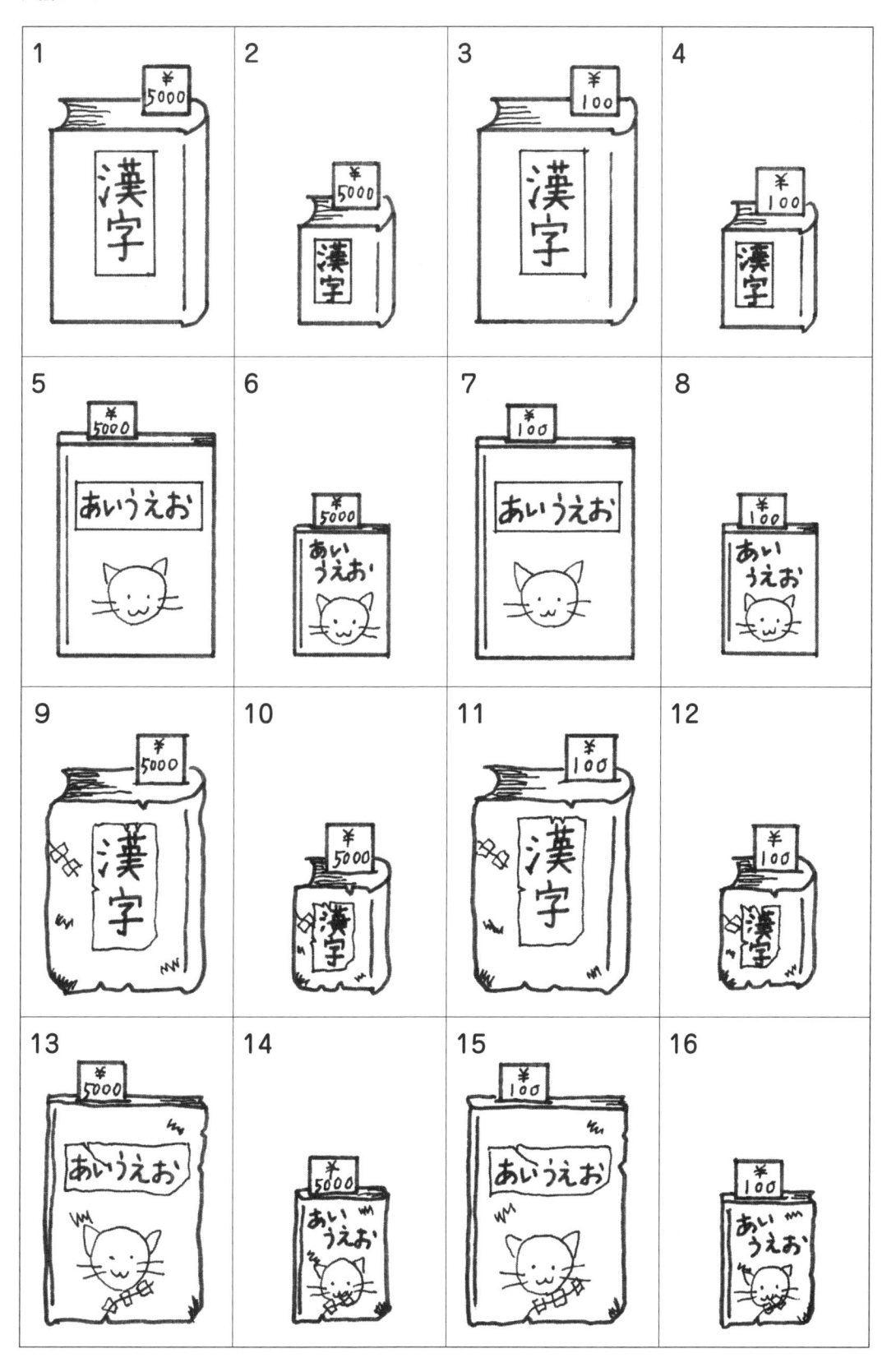

こそあど(1)　これ / それ / あれ　クラス

文型	：それはなんですか。
ゴール	：話し手、聞き手との距離に応じて「こそあ」を使い分け、物の名前を聞く／答える
活動の種類	：クラス全体［ゲーム（「こそあ」の使い分け）］
用意するもの	：えんぴつや消しゴムなどいろいろな品物（人数分）

手順

1. 全員が輪になるように座る。
2. 学習者１人１人に品物を配って、手もとに置かせる。
3. 「こそあ」の使い分けに気をつけて、自分やほかの人の品物を指さして尋ねる。
4. 質問を受けて答えた人が次の質問者になる、という形で続けてゆく。

> 例　A：（Bの手元を指さして）それはなんですか。
> 　　B：これは辞書です。
> 　　　　（お互いから遠いものを指さして）Cさん、あれはなんですか。
> 　　C：あれはえんぴつです。
> 　　　　（Dの手元を指さして）それはなんですか。
> 　　D：これは消しゴムです。

5. 時間で区切って終わりにしてもいいし、みんなが間違えなくなったら終わることにしてもよい。

アドバイス

- 品物は、身近でよく使われる語彙の範囲で選ぶようにする（学習者の持ち物を使ってもよい）。
- はじめはゆっくりと、慣れるにつれてだんだんスピードを早めるようにすると、ゲーム性が高まる。

語句

これ、それ、あれ、辞書、えんぴつ、消しゴム

コラム 現場でうまく生かすコツ

3 タスク活動を盛り上げるヒント [1]

　学習者の立場になって、学習者がより「やる気になる」タスク活動にしましょう。「タスク活動に入る前に（タスクへの導入）」（p.9）も合わせて参考にしてください。

＜より現実的に＞
- より現実に近い形にし、学習者の実生活でありうるような状況にする。
- タスク中の固有名詞を、学習者になじみのある場所や人名に変えて、親しみやすいものにする。
- 学習者の年齢・嗜好・立場（子供か学生か社会人か等）に合わせて、タスクを作り変える。（例えば、同じ「日本に行く」という設定でも、高校生なら「ホームステイ」、大学生なら「留学」、社会人なら「出張」にするなど。）
- 最近起こった事柄、話題になっている人物、流行りの物などと関連させる。実物や写真があるとよい。特に、教師と学習者の年齢が離れている場合は、学習者の年齢層で何が流行っているのか、普段からリサーチしておく。
- 非現実的な形にしてもおもしろい。（例えば、地球にやってきた宇宙人に物の使い方を説明する、宝くじにあたった、など。）

＜ムード作り＞
- 教師が率先してムードメーカーになる。また、ムードメーカーの学習者を盛り上げ役にするとよい。
- ロールプレイや会話は、ジェスチャーや顔の表情を交えて喜怒哀楽を生き生きと表現する。
- 教師自身が楽しそうにやること。たとえ失敗しても時間がなくても、焦った顔を見せないこと。

（『〜ことができる / れる・られる(1)』の動機づけからタスク導入まで(p.47)に具体例を示してあります）

※コラム ④『タスク活動を盛り上げるヒント [2]』は53ページ

こそあど(2)　ここ/そこ/あそこ/どこ　クラス

文型　　　　：<u>あそこ</u>はなんですか。
ゴール　　　：場所をたずねる
活動の種類　：クラス全体　[Q＆A]
用意するもの：絵カード(1セット)

手　順

1. 絵カードを拡大し、切り離す。
2. 学習者に絵カードを1人1枚ずつ配る。
3. 教師が「〜はどこですか」と聞き、そのカードを持っている学習者は「ここです」と答える。すべての学習者に聞いて、何がどこ(だれのところ)にあるのか全員で確認する。

> 例1　T：銀行はどこですか。
> 　　　A：ここです。
> 　　　T：郵便局はどこですか。
> 　　　B：ここです。

4. 教師が1人の学習者に「〜はどこですか」と聞く。学習者は状況に合わせて「こ・そ・あ」を使い分けて答える。

> 例2　T：Aさん、郵便局はどこですか。
> 　　　A：〈Bを指して〉あそこです。

5. 活動に慣れてきたら、学習者同士で同様に行う。

アドバイス

・上の活動の後、次のように続けることもできる。
　① 教師が1人の学習者に「そこは〜ですか」と聞く。学習者は「はい／いいえ」で答える。
　　　例　T：〈Aの絵を指して〉そこは美術館ですか。
　　　　　A：いいえ、ちがいます。
　② 慣れてきたら、学習者同士で同様に行う。
・「〜は〜にあります」にも応用できる。付箋紙に電話、トイレ、猫などを書いておき、場所のカードに適宜貼っておく。
　　　例　A：このへんにトイレはありますか。
　　　　　B：公園にありますよ。

語　句

学校、病院、工場、郵便局、公園、トイレ、教室、ホテル、レストラン、喫茶店、庭、駅、ロビー(受付)、デパート、銀行、図書館、会社(事務室)、部屋

▶絵カード

〜ことがある　〜たことがある　クラス

> 文型　　　　：有名な人を見<u>たことがあります</u>か。
> ゴール　　　：人を探して質問する
> 活動の種類　：クラス全体［ゲーム（人探し）］
> 用意するもの：タスクカード（人数分）

手順

1. タスクシートを切り離し、人数分用意する。
2. 学習者にタスクカードを1枚ずつ配る。
3. 学習者は、カードに書いてあることをした人を質問しながら探す。
4. 見つけたら、さらに詳しく質問する。
5. ひととおり終ったら、見つけた人がどのような経験をしたか、各自発表する。

```
質問例　A：有名な人を見たことがありますか。
　　　　B：はい。
　　　　A：だれを見ましたか。
　　　　B：マドンナを見ました。
　　　　A：どこで見ましたか。
　　　　B：ロンドンで見ました。
　　　　A：マドンナは何をしていましたか。
　　　　B：買い物をしていました。
発表例　A：Bさんは、ロンドンでマドンナを見たことがあります。
　　　　　　マドンナは買い物をしていました。
```

アドバイス

- タスクカードの内容は、学習者が興味を持つものを教師が考えて作成してもよい。場合によっては母語で指示してもよい。
- 最低3つは質問をするなど、決めておいてもよい。
- 「〜そうです」を用いて発表させることもできる。
    例：Bさんは、ロンドンでマドンナを見たことがあるそうです。

語句

見る、行く、寝る、書く、飲む、もらう、拾う、入る、有名な、ロックコンサート、以上、ラブレター、ワイン、マフラー、お金、京都、歌舞伎、温泉

▶タスクカード

有名な人（有名人）を見た。	ロックコンサートに行った。
だれを？ どこで？ 何をしていましたか。 どうでしたか。	だれの？ だれと？ 何回？ どうでしたか。
15時間以上寝た。	ラブレターを書いた。
どうして？ どこで？ どうでしたか。	だれに？ 何回？ どんなラブレター？
1日に2本以上ワインを飲んだ。	マフラーをもらった。
いつ？ どこで？ だれと？ どうでしたか。	だれに？ いつ？ どんなマフラー？
お金を拾った。	京都へ行った。
いくら？ どこで？ どうしましたか。	いつ？ だれと？ 何をしましたか。どうでしたか。
歌舞伎を見た。	温泉に入った。
どこで？ だれと？ 何回？ どうでしたか。	どこの？ 何回？ どうでしたか。

～ことができる/れる・られる(1)　可能　クラス

> 文型　　　　：フランスではおいしいワインを飲む<u>ことができます</u>。
> 　　　　　　／フランスではおいしいワインが<u>飲めます</u>。
> ゴール　　　：地図を見ながら、各国(各地)でできることを教え合う
> 活動の種類　：クラス全体またはグループ［文作り］
> 用意するもの：世界地図(p.123)、日本地図(p.129)、学習者の母国の地図など

手　順

1. 学習者全員に見えるように地図を貼る。
2. 学習者は、国名または地名を1つ選び、そこでできることを「ことができる」または「れる・られる(可能形)」を使って、できるだけたくさん考える。
3. 発表する。

> 例：静岡では富士山を見ることができます。おいしいお茶を飲むことができます。
> 　　　おいしいうなぎを食べることもできます。
> 　　　（静岡では富士山が見られます。おいしいお茶が飲めます。
> 　　　おいしいうなぎも食べられます。）

アドバイス

- クラスにいろいろな国の出身者がいる場合は、自分の国の観光大臣になったつもりで、自分の母国でできることを紹介してもらうことにしてもよい。
- クラスの人数が多い場合は、3～4人のグループ活動にしてもよい。まずグループ内で、ある場所でできることをたくさん出し合い、代表者が発表する。
- 作った文の数を競う個人(グループ)対抗のゲームにしてもよい。
- Q&A にして、観光案内係と観光客という設定でロールプレイをさせてもよい。
    - 例　A：静岡では何ができますか。
    - 　　B：富士山が見られます。
- ひととおり発表をしたあと、「～から(理由)～たい」を使って、一番行きたいと思った場所を各自発表してもよい。「富士山が見られるから、静岡に行きたいです。」など。

語　句

いろいろな国や土地の名前
見る、聞く、食べる、飲む、買う、行く、乗る、登る、泳ぐ、など

動機づけ・ムード作り［具体例］

『〜ことができる/れる・られる(1)』(p.46)の動機づけからタスク導入まで

● 教師…T，学習者…S

T ： 皆さん、もうすぐ夏休みですね。何をしますか。〈注 雑談風に始める〉
S1： 毎日コンビニでアルバイトをします。
T ： そうですか。大変ですね。がんばってくださいね。
S2： 僕は旅行をします。パリに行きます。
T ： ああ、いいですね。私もパリに行きたいですね。S3さんは？
S3： 私は国に帰ります。
T ： S3さんのお国はタイですね。
S3： はい、そうです。
T ： タイの旅行もいいですねえ。タイには何がありますか。
　　〈注 ここで、さりげなく話題を観光に〉
S3： お寺がたくさんあります。それから、道にゾウもいますよ。食べ物がおいしいです。
T ： ああ、そうですか。じゃあ、タイでは、お寺やゾウを見ることができますね。
　　それから、おいしい料理を食べることもできますね。ゾウに乗ることもできますか。
　　〈注 さりげなく今回の目標文型を導入。少し強調してゆっくり発音し、学習者に気づかせる〉
S3： はい、時々、乗ることもできますよ。〈注 目標文型を学習者自身にも使わせる〉
T ： すごいですね！　ええと、S4さんのお国は中国ですね。中国では何をすることができますか。
S4： もちろん、パンダを見ることができますよ！
T ： 乗ることもできますか！？
S4： ははは、それはちょっと…。
T ： ああ、乗ることはできないんですね。じゃあ、S5さん、S6さんのお国を聞いてください。
S5： S6さん、お国はどこですか。
S6： 韓国です。
S5： 韓国では何をすることができますか。〈注 今度は、学習者同士で質疑応答させる〉
S6： おいしいキムチを食べることができますよ。
　　〈注 文型や活用があやふやなようなら、動詞のフラッシュカード等を使って、口慣らし〉
T ： じゃあ、皆さん、ペアでちょっと話してください。
　　〈注 ペアを作らせ、S5とS6のようなやり取りをペアで軽く練習させる〉
　　　　　　　　：
T ： じゃあ、皆さん、ノートに書いてください。私は夏休みに皆さんの国に旅行に行きたいです。皆さんの国では何をすることができますか。3つ書いてください。

（→コラム①『タスク活動に入る前に』(p.9)を参照）

〜ことができる/れる・られる(2) 可能

グループ
(6〜8人)

文型　　　　：英語が話せます。
ゴール　　　：就職先を決める／だれを雇うかを決める
活動の種類　：グループ(6〜8人)［ゲーム（パートナー探し）］
用意するもの：ロールカードA・B(人数分)

手　順

1. ロールカードを切り離し、人数分用意する。カードはA(会社)とB(仕事を探している人)がそれぞれ4種類ある。学習者が6人ならそれぞれ3種類ずつ、計6枚のカードを用意する。会社の名前は適当に記入しておく。
2. 学習者をグループに分け、グループ内の半分にA、半分にBのロールカードを配る。
3. カードの見方を説明し、語彙を確認する。
4. 学習者は席を立ち、グループ内で適当に相手を見つけて会話し、パートナーを探す。
5. お互いにすべての条件が合えば、就職／雇用を決める。決まったら席に戻る。

例　A：こんにちは。
　　B：こんにちは。
　　A：お名前は。
　　B：Bです。
　　A：Bさん、**英語が話せますか**。
　　B：ええ、話せます。でも、中国語は話せません。
　　A：コンピュータが使えますか。
　　B：はい、使えます。
　　A：何か質問はありますか。
　　B：あの、土曜日は休めますか。
　　A：土曜日と日曜日は休みです。
　　B：分かりました。
　　A：じゃ、よろしくお願いします。
　　B：ありがとうございます。よろしくお願いします。

アドバイス

- 学習者が奇数の場合、条件の合わない学習者が生じることになるので、教師が加わるなどしてできるだけ偶数人数のグループを作る。

語　句

会社、休み、月給、コンピュータ、英語、中国語、話す、夜おそく働く、土曜日、日曜日、月曜日

▶ロールカードA（会社）

a
_____会社

- 休み　　　土・日曜日
- 月給　　　200,000円

こういう人がいいです。
- コンピュータ　　○
- 英語（話す）　　○
- 中国語（話す）　×
- 夜おそく働く　　×

b
_____会社

- 休み　　　土・日曜日
- 月給　　　180,000円

こういう人がいいです。
- コンピュータ　　○
- 英語（話す）　　×
- 中国語（話す）　○
- 夜おそく働く　　×

c
_____会社

- 休み　　　日・月曜日
- 月給　　　200,000円

こういう人がいいです。
- コンピュータ　　×
- 英語（話す）　　○
- 中国語（話す）　○
- 夜おそく働く　　×

d
_____会社

- 休み　　　日曜日
- 月給　　　250,000円

こういう人がいいです。
- コンピュータ　　○
- 英語（話す）　　×
- 中国語（話す）　○
- 夜おそく働く　　○

▶ロールカードB（仕事を探している人）

a
こういう会社がいいです。
- 休み　　　土・日曜日
- 月給　　　200,000円～

あなたは…
- コンピュータ　　○
- 英語（話す）　　○
- 中国語（話す）　×
- 夜おそく働く　　×

b
こういう会社がいいです。
- 休み　　　土・日曜日
- 月給　　　180,000円～

あなたは…
- コンピュータ　　○
- 英語（話す）　　×
- 中国語（話す）　○
- 夜おそく働く　　×

c
こういう会社がいいです。
- 休み　　　日・月曜日
- 月給　　　200,000円～

あなたは…
- コンピュータ　　×
- 英語（話す）　　○
- 中国語（話す）　○
- 夜おそく働く　　×

d
こういう会社がいいです。
- 休み　　　日曜日
- 月給　　　250,000円～

あなたは…
- コンピュータ　　○
- 英語（話す）　　×
- 中国語（話す）　○
- 夜おそく働く　　○

～ことができる/れる・られる(3)　可能

文型　　　：朝ひとりで起き<u>られ</u>ますか。／起きる<u>ことができ</u>ますか。
ゴール　　：１人暮らしの適性テストをする
活動の種類：ペア［アンケート（１人暮らし適性チェック）］
用意するもの：タスクシート（ペア数分）

手順

1. タスクシートをペア数分用意する。
2. 学習者をペアにして、タスクシートを各ペアに１枚ずつ配る。
3. 学習者は、タスクシートの質問を「ことができる」や「れる・られる(可能形)」に変えてお互いに尋ね合い、自分の欄と相手の欄に○か×の答えを記入する。

> 例　A：Bさんは朝、１人で起きられますか。
> 　　B：はい、起きられます。（○をつける）
> 　　A：Bさんはシャツにボタンがつけられますか。
> 　　B：いいえ、できません(つけられません)。（×をつける）

4. ひととおり終わったら、○の数を数え、診断結果を読む(ペアで、または全体で)。
5. クラス全体で、だれがいちばん１人暮らしに向いているか(いないか)を話し合う。

アドバイス

- 難しい項目もあるので、タスクシートの内容や記入の仕方をはじめに確認した方がよい。
- 応用例として、日本で暮らす適性テストなどもできる。

応用例 ＜日本で暮らす適性テスト＞

1　電話で病院の予約をする　　　　2　電車やバスの切符を買う
3　地図や案内板を読む　　　　　　4　知らない人に道を聞く
5　たたみの上に座る　　　　　　　6　満員電車をがまんする
7　なんでも食べる　　　　　　　　8　レストランで注文をする
9　風呂屋に行く　　　　　　　　　10　いやなことをがまんする

> 0～2　　日本で暮らすのはたいへんです。
> 3～7　　いろいろ練習すれば、だいじょうぶでしょう。
> 8～10　 日本でも楽しく暮らせます。

語句

起きる、料理をする、(洗濯機を)使う、(ボタンを)つける、(アイロンを)かける、(お金を)払う、(ゴミを)分ける・出す、あいさつをする、かたづける、(電球・電灯を)かえる

▶タスクシート

１人暮らし度チェック

１人暮らしができますか？　　　　　　　○…できます　×…できません

	わたし	＿＿＿＿さん
1　朝、一人で起きる		
2　料理をする		
3　洗濯機を使う		
4　シャツにボタンをつける		
5　アイロンをかける		
6　郵便局や銀行でお金を払う		
7　ゴミを分けて出す		
8　となりの人にあいさつをする		
9　部屋をきれいにかたづける		
10　電球や電灯をかえる		
○の数		

診断結果

○の数が…
- 0～2　　１人暮らしはできません。がんばりましょう。
- 3～7　　１人暮らしができます。できないことも練習しましょう。
- 8～10　　もうりっぱに１人暮らしができます。すごい！

～し、～し、 理由

クラス

文型	：ハンサムだ<u>し</u>、やさしい<u>し</u>、歌が上手だからです。
ゴール	：好きな人を紹介し、好きな理由を並べて述べる
活動の種類	：クラス全体［文作り］
用意するもの	：白紙・太字ペン（それぞれ人数分）

手 順

1. 学習者に紙とペンを配り、それぞれの好きな人の絵を描かせる。
2. 学習者はみんなに絵を見せながら、「～し、～し、」の文型を使って、その人の長所や好きな理由を並べて文を作り、発表する。まず教師が手本を見せるとよい。

> 例：私は木村慎吾が好きです。慎吾さんは背が高いし、ハンサムだし、
> やさしいし、おもしろいし、お金持ちだし、歌が上手だからです。

アドバイス

- ここでは「好きな人」としているが、学習者の特性に合わせて、家族、友人、好きなアイドル、ペットなどでもよい。
- 絵は時間を限って描かせるとよい。
- 絵の代わりに、写真やブロマイドを使ってもよい。
- 「～からです」が未習の場合は、「～ですから」でもよい。
    例：ハンサムだし、やさしいし、歌が上手<u>ですから</u>。
- 「～て、～て」の練習にも使える。
    例：これは木村慎吾さんです。木村さんは、ハンサム<u>で</u>、やさしく<u>て</u>、歌が上手です。

語 句

やさしい、おもしろい、かっこいい、かわいい、背が高い、髪が長い、親切だ、きれいだ、ハンサムだ、美人だ、上手だ、お金持ちだ、など

コラム 現場でうまく生かすコツ

4 タスク活動を盛り上げるヒント［2］

学習者の立場になって、学習者がより「やる気になる」タスク活動にしましょう。『タスク活動に入る前に（タスクへの導入）』（p.9）も合わせて参考にしてください。

＜学習者の知識や特性をいかす＞
- 学習者の出身国や趣味・特技、クラス内の人間関係をうまくいかして、話題を振る。普段から学習者別にメモを作っておくとよい。
- 海外で教える場合、教師が現地事情に詳しくないときは、観光したい、地元のおいしい料理を食べたい、店が見つからなくて困っている、など学習者に教えを乞うような姿勢を見せると、親身になって一生懸命答えてくれ、発言を引き出しやすい。

＜ゲーム性を出す＞
- ゲーム性を高めるようにして、文型練習をしているという感じがないようにすると盛り上がる。
- 簡単な景品（アメ、和風シール等）を用意するとよい。
- 学習者の実力がつぶぞろいの時は個人戦でもいいが、バラつきがあるときはグループ対抗戦にするとよい。

＜見た目も重視する＞
- 絵、写真、実物、小道具を大いに活用する。普段から集めておくとよい。
- カードに色をつけたり、タスクシートに可愛いイラストを添えたりして、見た目を楽しく工夫するとよい。（→コラム②『絵シート・文字カード、タスクカード・シートを利用する際の工夫』（p.17）を参照）

※コラム③『タスク活動を盛り上げるヒント［1］』は41ページ

〜しかない / もある　助数詞＋しかない／もある　ペア

> 文型　　　：4枚しかありません。4枚もあります。
> ゴール　　：「〜しかない」「〜もある」のニュアンスの違いを理解する
> 活動の種類：ペア［ロールプレイ］
> 用意するもの：ロールカード・絵シート（それぞれペア数分）

手 順

1. ロールカードはペア数分用意し、切り離す。絵シートはペア数分用意する。
2. 学習者をペアにして、一方が「ポジティブさん(楽観主義者)」、もう一方が「ネガティブさん(悲観主義者)」の役割にする。それぞれの役割のロールカードを配る。
3. 各ペアに絵シートを1枚ずつ配り、語彙と助数詞を確認する。
4. 絵シートのA〜Pについて、それぞれの立場から述べる。

> 例　ポジティブ：(うれしそうに)ネコが3匹もいます！
> 　　ネガティブ：(悲しそうに)ネコが3匹しかいません。
> 　　ポジティブ：日本語の本が4冊もあります！
> 　　ネガティブ：日本語の本が4冊しかありません。

5. 役割を交代して、もう一度行う。

アドバイス

- 教室内外の物や人、持ち物などについて、「〜しかない」「〜もある」を使って、描写させてもよい。
    - 例：今日はお財布にお金が1万円もあります。
    - このクラスには女の子が3人しかいません。
- 助数詞の復習としても使える。

語 句

ネコ(3匹)、日本語の本(4冊)、80円切手(6枚)、イチゴ(11個)、お酒(3本)、
ひと／友達／家族など(ふたり)、グラス(5個、いつつ)、マッチ(4本)、
CD(2枚)、お金(1,660円)、バナナ(6本)、シャツ(5枚)、車(2台)、
ブタ(4匹)、ひと／友達／家族など(7人)、ケーキ／おかし(9個、ここのつ)

▶ロールカード　　ポジティブさん　　　　　　　　　ネガティブさん

▶絵シート

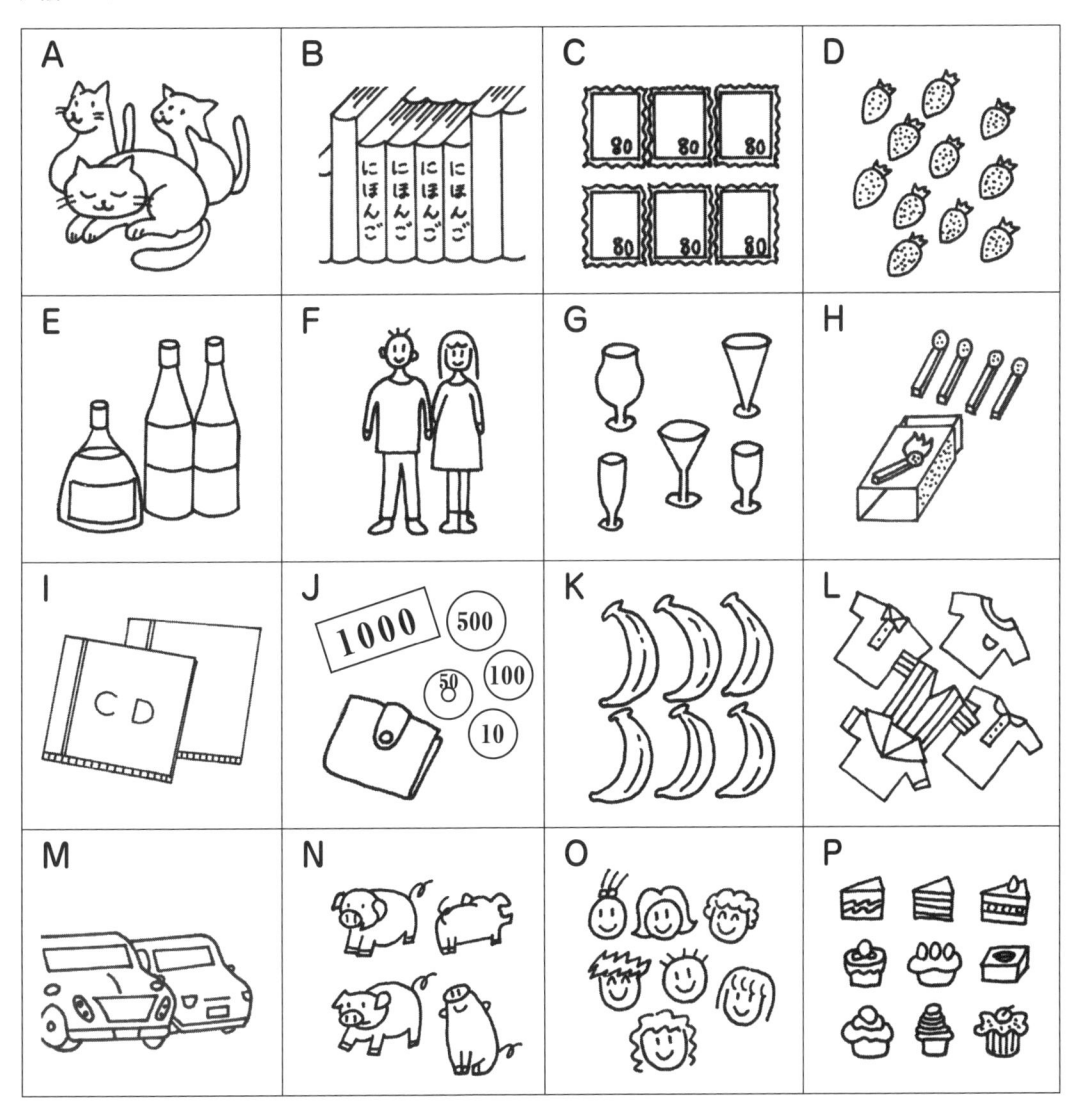

A	B	C	D
E	F	G	H
I	J	K	L
M	N	O	P

自／他動詞

グループ

文型　　　　：デパートにあって、<u>上がったり下がったり</u>するものは？
ゴール　　　：クイズの答えを当てる
活動の種類　：グループ［クイズ］
用意するもの：問題シート

手　順

1. クラス全体を適宜何組かのグループに分ける。
2. 教師が問題を読み上げ、分かったグループは手を挙げて答えを言う。
3. 正解の場合は、そのグループに１点、間違いの場合は、そのグループは１回休みとする。
4. 最後に正解数が一番多かったグループが勝ち。

例　T　　　　：デパートにあって、上がったり下がったりするものは？
　　Aグループ：エレベーターです。

アドバイス

- 「〜たり」や、連体修飾の練習にも使える。
- 連体修飾を学習していない場合は、「これは、デパートにあって、上がったり下がったりします」のように問題文を変えること。
- クイズの答えが日本語で分からない場合は、最初は母語で答えることにしてもよい。
- 慣れてきたら学習者が教師役をしたり、答えを書いたカードをテーブルの上に裏返して積んでおき１枚ずつ取らせて問題を出させることもできる。

語　句

上がる／下がる、落ちる、入れる／出す、出る、開く／閉まる、止める、開ける／閉める、起こす、かける、上げる／下げる、つける／けす、つく／きえる

クイズの答え：
1. エレベーター、エスカレーターなど
2. 葉、落葉、枯葉など
3. ATM、銀行など
4. 自動販売機など
5. 自動ドア
6. 駐車場、車庫など
7. 歯科
8. 熱
9. 目覚まし時計、モーニングコールなど
10. 鍵
11. ブラインド、日よけ
12. スイッチ
13. 信号

▶問題シート

問 題

1. デパートにあって上がったり下がったりするものは？

2. 秋になると、道に落ちるものは？

3. お金を入れたり、出したりするところは？

4. ボタンを押すと、コーヒーが出るものは？

5. お店の入口で、開いたり、閉まったりするものは？

6. 家の前にあって、車を止めるところは？

7. みんながいすに座って、口を開けたり閉めたりするところは？

8. 風邪の時、薬を飲むと下がるのは？

9. 起きられない人を起こしてくれる便利なものは？

10. 家を出る時にドアにかけるのは？

11. 窓のそばで上げたり下げたりするものは？

12. 電気をつけたりけしたりするボタンは？

13. 赤と黄色と緑の光がついたりきえたりするものは？

助数詞（1）　円　　クラス

文型	：五百円
ゴール	：金額を聞く・言う
活動の種類	：クラス全体またはグループ［ゲーム（カルタ取り）］
用意するもの	：絵カード（お金カード）

手順

1. 絵カード（お金カード）を数枚コピーし、お金ごとに切り離す。
2. カルタの要領で、お金をテーブルの上に金額が見えるように広げ、学習者はその周りに集まる。
3. 教師が金額（一円、五円、十円、五十円、百円、五百円、千円、二千円、五千円、一万円のいずれか）を言う。
4. 学習者は、早い者勝ちでその金額のお金をとる。たとえば、教師が「千円」と言ったら、千円札をとる。千円札がなくなるまで続ける。千円札なら1人何枚とってもよい。
5. すべてを取り終えたら、終了。学習者は取ったお金を数えて、金額を日本語で言う。

アドバイス

- 買い物のロールプレイの前に行うとよい。各自の所持金が違い、より現実に近くなる。

語句

一円、五円、十円、五十円、百円、五百円、千円、二千円、五千円、一万円

▶絵カード（お金カード）

助数詞（2）　つ／人

クラス

```
文型        : 1つ
ゴール      : ビンゴを完成させる
活動の種類   : クラス全体［ゲーム（ビンゴ）］
用意するもの : 絵カード(1セット)、ビンゴシート(人数分)
```

手順

1. 絵カードを拡大して切り離し、ビンゴシート(p.62-63)を人数分用意する。
2. 絵カードは裏返しにして机の上に積み、ビンゴシートは学習者に1人1枚ずつ配る。
3. 教師あるいは学習者が順番に絵カードを1枚めくって、その絵に合う数え方で読む。
4. 学習者は各自のシートを見て、読まれた絵があればチェックする。
5. チェック済み欄が1列(縦、横、斜めどれでも)並んだら終了。早くできた人が勝ち。完成したら、「ビンゴ！」と言う。

```
例 A  ：＜カードを引く＞1つ。
   全員：＜シートをチェックする＞
   B  ：＜カードを引く＞ふたり。
   全員：＜シートをチェックする＞
   C  ：＜カードを引く＞3つ。
   D  ：ビンゴ！
```

アドバイス

- 枠だけのビンゴシートを使い、マスの中は学習者に記入させてもよい。絵でなく、数字を記入すれば、いろいろな助数詞に応用できる。

語句

ひとつ、ふたつ、みっつ、よっつ、いつつ
ひとり、ふたり、3人、4人、5人

▶絵カード

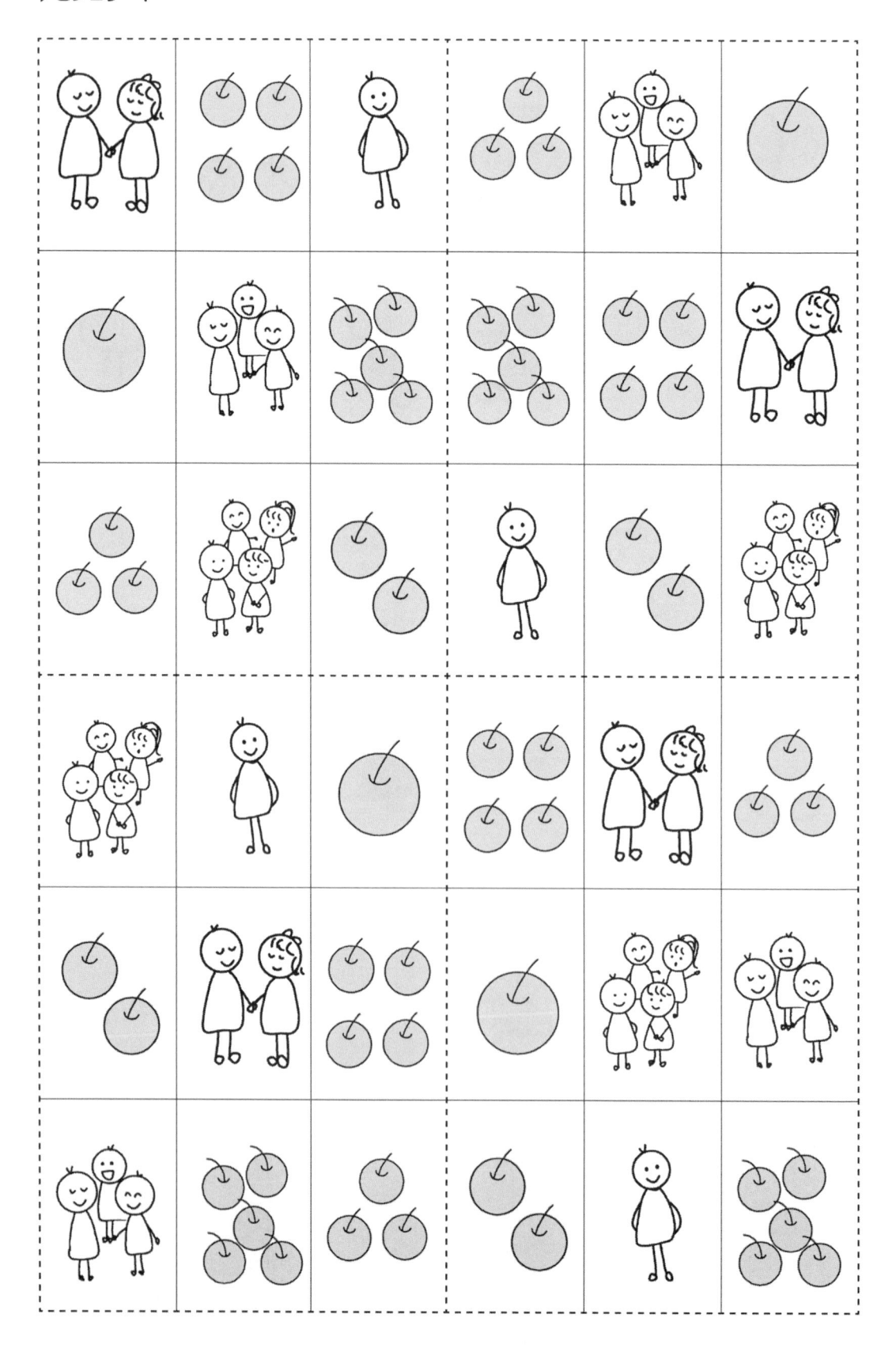

▶ビンゴシート

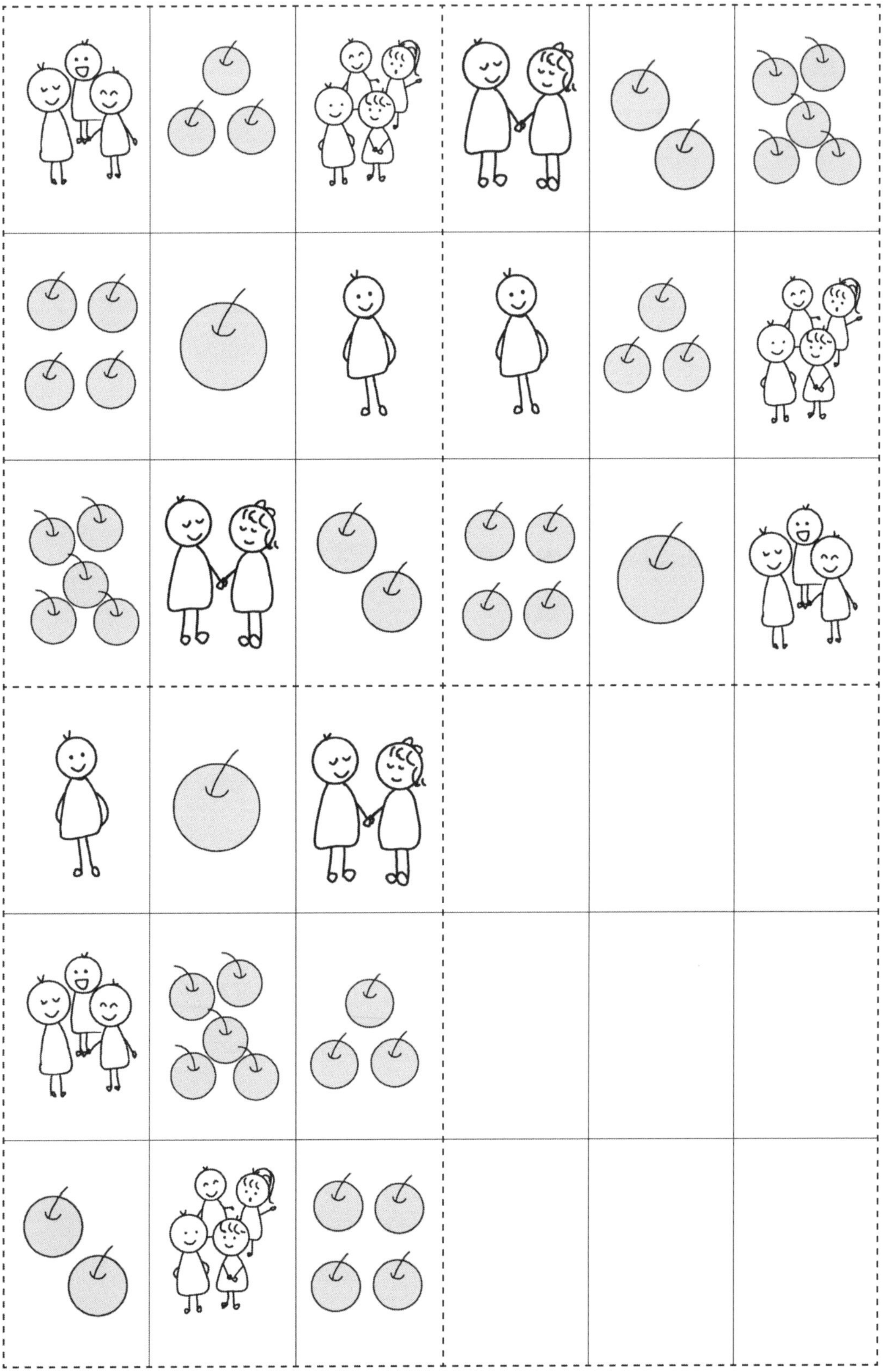

助数詞（3）　本／冊／台　　クラス

```
文型　　　　：1本、2冊、3台
ゴール　　　：物に応じた助数詞が言える
活動の種類　：クラス全体またはグループ［ゲーム（助数詞）］
用意するもの：数字カード・絵カード（それぞれ1セット）
```

手順

1. 数字カードと絵カード切り離し、1セットずつ用意する。
2. グループ対抗の場合は、クラスをグループに分ける。
3. 数字カード、絵カードをそれぞれ束にし、表を上にして重ねて置く。
4. 教師が両方のカード同時にめくり、学習者がカードの組み合わせに応じて答える。

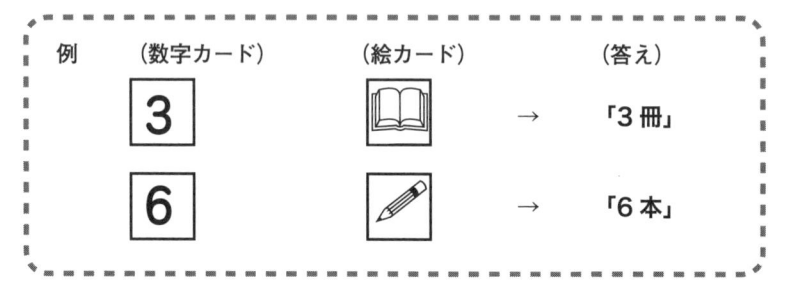

例	（数字カード）	（絵カード）		（答え）
	3	📖	→	「3冊」
	6	✏️	→	「6本」

5. 早く正しく言えた学習者またはグループに点を与える。一番多く得点した人またはグループの勝ち。

アドバイス

はじめに次のような練習を行うとよい。
1. 絵カードを固定し（たとえば「本」の絵）、数字カードのみをめくり、言わせる（1冊、2冊、3冊…）。数字カードははじめ順番に重ねて置くが、言えるようになったら、ランダムに重ねるようにする。
2. 今度は、数字カードを固定し（たとえば「3」）、絵カードのみをめくり、言わせる（3冊、3本、3台…）。
3. 慣れてきたら、数字カードと絵カードを同時にめくり、言わせる。

語句

本（冊）、えんぴつ（本）、ビン（本）、車（台）、コンピュータ（台）、リンゴ（個、つ）、紙（枚）、人（人）、イヌ（匹）、コーヒー（杯）、コップ（個、つ）、トースト（枚）

▶数字カード

1	2	3	4
5	6	7	8
9	10	100	1000

▶絵カード

助数詞（4）　つ / 枚

> 文型　　　　：リンゴは5つあります。
> ゴール　　　：2枚の絵の違いを探す
> 活動の種類　：ペア［ゲーム（間違い探し）］
> 用意するもの：タスクシート1（A・B）、2（A・B）（ペア数分）

手　順

助数詞「〜つ」の場合
1. タスクシート1をペア数分用意し、切り離す。
2. 学習者をペアにして、一方にタスクシート1のAを、もう一方にBを配る。シートはお互いに見せないようにする。
3. お互いに質問し合いながら、絵の中で数の異なっている物を探して、数を書き入れる。
4. 違いを発表する。

質問例
　　A：ミカンはいくつありますか。
　　B：5つです。Aさん（の絵）は。
　　A：6つです。（ミカンに相手の数を書き込む）
発表例
　　A：私の絵には、ミカンが6つありますが、Bさんの絵には5つあります。

---

4. 助数詞「〜枚」の場合はタスクシート2を用い、同様の手順で行う。

アドバイス

- 実際に教室内にあるものを利用して何回か練習したあとで、この活動に移るとよい。
- ほかの助数詞にも応用できる。

語　句

タスクシート
1：A　リンゴ（5つ）、ミカン（6つ）、カップ（1つ）、グラス（8つ）、時計（4つ）、
　　　めがね（2つ）、かばん（2つ）、スーツケース（1つ）、ぼうし（2つ）
　　B　リンゴ（5つ）、ミカン（5つ）、カップ（4つ）、グラス（8つ）、時計（1つ）、
　　　めがね（2つ）、かばん（3つ）、スーツケース（2つ）、ぼうし（3つ）
2：A　切手（5枚）、はがき（1枚）、切符（3枚）、タオル（2枚）、ポスター（2枚）、
　　　紙（10枚）、封筒（6枚）、Tシャツ（1枚）
　　B　切手（5枚）、はがき（2枚）、切符（3枚）、タオル（3枚）、ポスター（1枚）、
　　　紙（8枚）、封筒（5枚）、Tシャツ（1枚）

▶タスクシート1

A

B

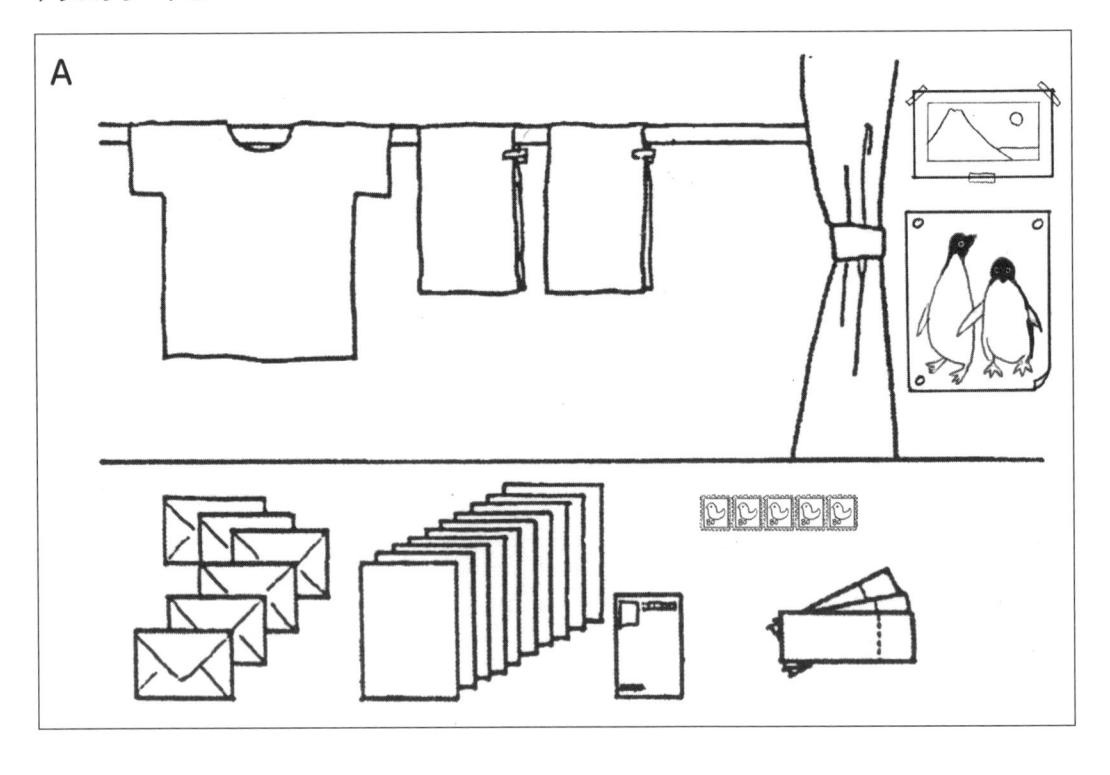

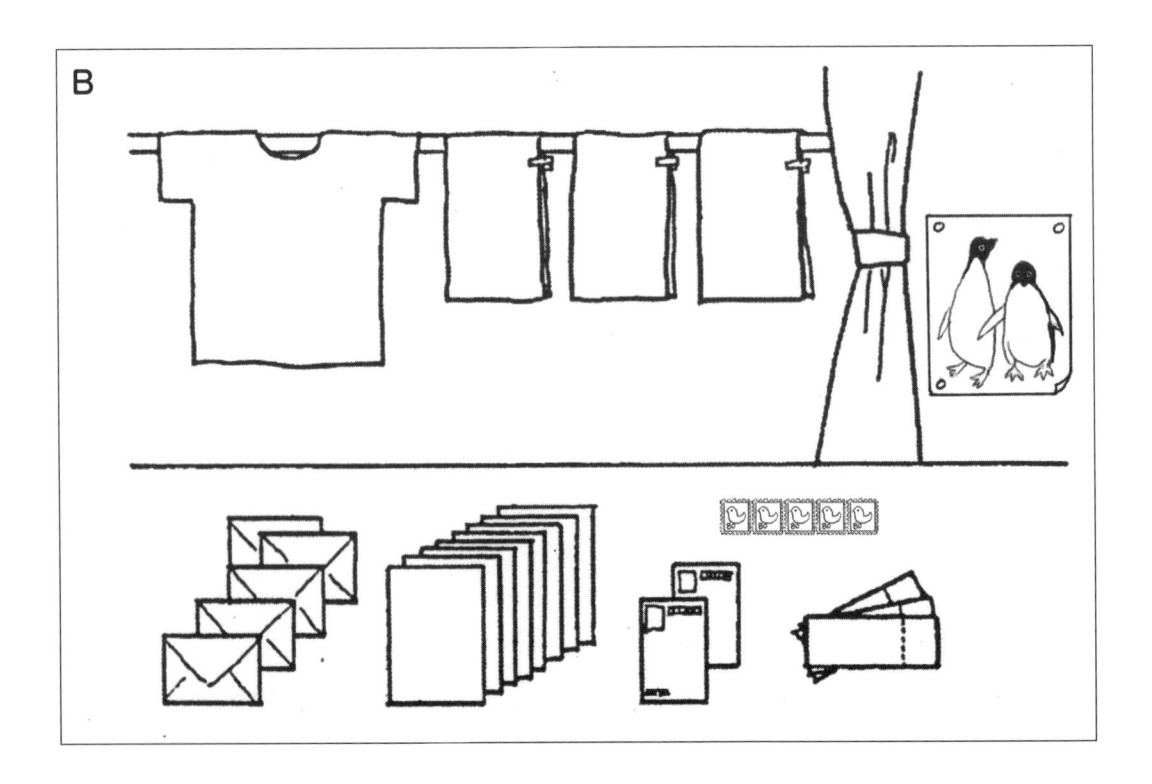

▶タスクシート2

A

B

数　字

クラス

文型	：数字
ゴール	：数字を覚える
活動の種類	：クラス［ゲーム（数字）］
用意するもの	：特になし

手　順

1. クラス全体で輪になる。
2. 1人ずつに数字を割り当てる。
3. 手拍子の後に、1人が自分の数字と、もう1つ別の数字を続けて言う。
4. 自分の数字を言われた人が、次の手拍子の後にもう一度自分の数字を言い、それに続けて別の数字を言う。
5. 間違えた人は、罰ゲームをする。

> 例　全員：手拍子（パンパン）
> 　　A　：1、5
> 　　全員：手拍子（パンパン）
> 　　B　：5、3
> 　　全員：手拍子（パンパン）
> 　　C　：3、3
> 　　（Cが罰ゲーム）

アドバイス

- 学習者の人数が多い場合は、グループに分けるとよい。
- 罰ゲームは、1から10までの数字を逆さまに言わせる、数字カードをランダムに重ねたものを次々に読ませるなど、数字定着を目指したもので、かつ、ほかの学習者の注意を引くようなものにするとよい。
- 前の人の数字をオウム返しに言ってはいけない、隣の人の数字を言ってはいけないなどのルールを作ったり、テンポをだんだん速くしていくなどすると、難しくなり盛り上がる。
- 10の位や100の位を割り当ててもよい。
- 初めてのクラスでは、数字を学習者の名前に書き換え、クラスメートの名前を覚える活動として用いることもできる。

語　句

数字

すきだ / きらいだ (1)

ペア

文型	：犬と猫とどちらが<u>好き</u>ですか。猫(のほう)が<u>好き</u>です。
ゴール	：自分の好みを相手に伝える
活動の種類	：ペア［Q & A］
用意するもの	：タスクシート(人数分)

手 順

1. タスクシートを人数分用意する。
2. 学習者にタスクシートを1枚ずつ配り、語彙を確認する。
3. 学習者をペアにする。
4. どちらが好きか、順番に聞き合い、相手の好みの項目に○をつける。

例　A：犬と猫とどちらが好きですか。
　　B：猫(のほう)が好きです。
　　　（「猫」に○をする）
　　A：海と山とどちらが好きですか。
　　B：山(のほう)が好きです。
　　　（「山」に○をする）

アドバイス

- 活動を行う前に、教師が例を示すとよい。その際、「どちらも好きです」、「どちらも好きじゃありません」という言い方を導入しておくとその後の活動がスムーズになる。
- タスクシートの項目以外にも、そのクラスや国で話題になっている事柄、物、人物、食べ物などを用いるか、学習者に選ばせてもよい。
- 活動のあとに「～より～のほうが好きです」の文型を導入し、学習者に調査結果の発表をさせてもよい。

語 句

イヌ／ネコ、肉／野菜、コーヒー／紅茶、サッカー／テニス、海／山、車／自転車、手紙／電話、夏／冬

▶タスクシート

1
2
3
4
5
6
7
8

すきだ / きらいだ (2)

クラス

```
文型      ：スポーツはなにが好きですか？
ゴール     ：好き嫌いを調査する
活動の種類  ：クラス全体　［アンケート（好き嫌いチェック）］
用意するもの：タスクシート（人数分）
```

手 順

1. タスクシートを人数分用意して、＜　　＞内にそれぞれ異なる項目を書き込んでおく。

   タスクシートに記入する項目例
   ＜スポーツ＞＜音楽＞＜のみもの＞＜くだもの＞＜本＞＜映画＞＜色＞＜動物・ペット＞＜おかし＞
   ＜花＞＜タレント＞など。（タレントの場合は「なに」ではなく「だれ」が好きかにする）

2. 学習者にタスクシートを1枚ずつ配る。

3. 自分に割り当てられた調査項目について、ほかの学習者に尋ねて回って、名前と好きなものを書き込む。

   質問例　A：Bさん、スポーツはなにが好きですか。
   　　　　　B：サッカーが好きです。
   　　　　　　　Aさん、飲み物はなにが好きですか？
   　　　　　A：ワインが好きです。Bさんは？
   　　　　　B：わたしも（ワインが好き）です。

4. クラス全体で、それぞれに得た結果を発表し合う。

   発表例　A：このクラスの人の好きなスポーツを聞きました。
   　　　　　　　BさんとDさんはサッカーが好きです。Cさんと私は野球が好きです。

アドバイス

- タスクに入る前に、質問例のような会話練習をしてタスクシートで使う表現に慣れておく。
- おもちゃのマイクなどを持たせると臨場感がでる。
- 学習者の性質や語彙を考慮してトピックを選ぶとよい。
- 自由解答でもいいが、絵辞典のコピーや関連語彙のリストを別に配って、ある程度の選択肢を提供したほうが進めやすい。
- 「なんでも好きです」「どれも（なにも）好きではありません」「わたしも〜が好きです」などの表現を導入しておくといい。

語 句

スポーツ、音楽、飲み物、くだもの、本、映画、色、動物、ペット、おかし、花、タレント、など

▶タスクシート（2枚分）

< 　　　　>はなにが好きですか？	
なまえ	好きなもの
わたし	

< 　　　　>はなにが好きですか？	
なまえ	好きなもの
わたし	

～すぎる（1） 形容詞＋すぎる

ペア

> 文型　　　　　：高すぎますね。
> ゴール　　　　：アパートを選ぶ
> 活動の種類　　：ペア［話し合い］
> 用意するもの：タスクシート（ペア数分）

手 順

1. タスクシートをペア数分用意する。
2. 学習者をペアにして、タスクシートを各ペアに1枚ずつ配る。
3. 間取り図の見方と、「1DK」「徒歩」「築」などの語彙を説明する。
4. ペアの相手と2人で一緒に住むと想定して、どのアパートがいいか話し合い、1つ選ぶ。

> 例　A：このアパートはどうですか。
> 　　B：駅から近いですね。でもちょっと狭すぎますね。ここは？
> 　　A：ちょっと高すぎます。
> 　　B：そうですか。でも広いですよ。

5. ペアごとに、どのアパートを選んだか、選んだ理由も合わせて発表する。

アドバイス

- 日本では家の広さを表すのに「～K」「～DK」という言い方が一般的に使われる。「2K」は2部屋＋キッチン、「3DK」は3部屋＋ダイニングキッチン（食事スペースもあるキッチン）、という意味。間取り図内の「3帖（じょう）」は「3畳」の意味で、部屋の広さが畳3枚分であることを示している。
- 実際に住んでいるところに不満があるか、どのような不満か、などを話したあとでこの活動に入るとスムーズにいく。
- 日本での活動の場合（あるいは、日本滞在経験がある学生がいる場合）、日本のアパートについて意見を言わせて、語彙や賃貸についての知識（敷金・礼金など）を説明するとよい。
- タスクシートは「比較」の練習にも使える。「こっちのほうが駅に近いですよ」など。

語 句

玄関、～K（キッチン）、～DK（ダイニングキッチン）、UB（ユニットバス）、～帖、和室、洋室、押入、浴室、WC（トイレ）、洗面、バルコニー、物入、家賃、高い、安い、遠い、狭い、広い、古い、築～年、徒歩～分、

▶タスクシート

1
さくら駅　徒歩15分
築13年
2K
6万円

2
さくら駅　徒歩10分
築5年
1K
5万円

3
さくら駅　徒歩15分
築5年
3DK
13万円

4
さくら駅　バス15分＋徒歩10分
築3年
2DK
7万円

5
さくら駅　徒歩8分
築1年
2DK
8万円

6
さくら駅　徒歩1分
築15年
1K
3万円

～すぎる（2）　動詞＋すぎる

クラス

文型　　　　：食べすぎて、おなかが痛いです。
ゴール　　　：絵を見て、その結果を考える
活動の種類　：クラス全体　［文作り］
用意するもの：絵カード（1セット）

手　順

1. 絵カードを切り離して1セット用意し、適宜選んで用いる。
2. 学習者はカードの中から1枚ひく。カードの内容を理由にして、文の後半（結果）を考え、文を完成させて言う。
3. ほかの学習者も、違う文を考えたら言う。

> 例　A：〈「食べすぎた」のカードを引く〉食べすぎて、おなかが痛いです。
> 　　B：食べすぎて、気持ちが悪いです。
> 　　C：〈「遊びすぎた」のカードを引く〉遊びすぎて試験に落ちました。

アドバイス

・この活動の前に、絵カードを見せて「～すぎました」の練習をするとよい。この場合、原因を言うには「て形」が自然だが、未習の場合は「から」「ので」で代用してもよい。

語　句

食べる、飲む、勉強する、寝る、運動する、テレビを見る、遊ぶ、ゲームをする、（料理を）作る、歩く、働く、仕事をする、笑う、歌う、カラオケをする

▶絵カード

食べすぎた	飲みすぎた
勉強しすぎた	寝すぎた
運動しすぎた	テレビを見すぎた

▶絵カード

遊びすぎた（ゲームをしすぎた）	作りすぎた
歩きすぎた	働きすぎた（仕事をしすぎた）
笑いすぎた	歌いすぎた（カラオケをしすぎた）

付録 3 乗り物カード

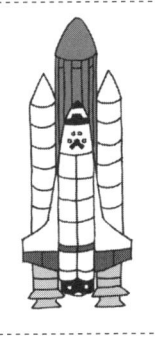

～せる/させる(1)　　使役

文型	: 宿題を<u>させます</u>。
ゴール	: ロボットにさせることをできるだけ多く考える
活動の種類	: クラス全体　[自由発言]
用意するもの	: 絵シート(1枚)

手 順

1. 絵シートを拡大して黒板に貼る。
2. 「なんでもできるロボット」という想定で、絵を見せる。
3. 学習者はロボットにさせたいことを1人1つずつ言っていく。同じことを言ってはいけない。
4. 新しいことを思いつかない人は抜ける。

> 例　A：部屋のそうじをさせます。
> 　　B：宿題をさせます。
> 　　C：買い物に行かせます。

5. 最後まで残った人が勝ち。

アドバイス

- 個人活動にしてもよい。たとえば、1人3つずつ考えて、文を書き発表する。

語 句

そうじをする、買い物に行く、料理を作る、宿題をする、論文を書く、日本語を翻訳する、漢字を読む、習字をする、ラッパを吹く、サッカーをする

▶絵シート

～せる/させる(2)　～(さ)せてください

クラス

文型	：私にも<u>やらせてください</u>。
ゴール	：許可を得る
活動の種類	：クラス全体　［ゲーム（知恵の輪）］
用意するもの	：知恵の輪（puzzle ring）

手順

1. 知恵の輪を学習者に回して試させる。
2. 頃合いをみて、教師が、やってもよいか許可を求める手本を示す。
3. 学習者で試したい人を募り、許可を求めさせる。

例 （知恵の輪を何人かの学生に回す）
　T：私にもやらせてください。
　A：はい、どうぞ。
　T：あ、むずかしいですね。だれか、やりたい人は？
　B：私にもやらせてください。

アドバイス

- 知恵の輪のほかにも、めずらしい文房具や変わった食べ物などが使える。
- 応用例として、音楽のテープ(CD)を使って、曲の最初の部分から題を当てるイントロクイズを行ってもよい(「もう一度聞かせてください」「歌わせてください」など)。
- 「見る」は使役形の「見させてください」よりは、「見せる」を使って「見せてください」という表現になるので、注意が必要である。
- 「試したい」という気持ちを起こさせるよう、新製品や正体の分からないものを使うとよい。
- 飲食物の場合、一部分を分けてもらうという状況で使うことが多いので、大きめの食べ物を一口ずつ分けてもらうという状況にすると自然になる。

語句

やる、食べる、飲む、聞く、読む、使う、など

コラム 現場でうまく生かすコツ

5 小道具の工夫と活用

　本書のタスクにはすごろくを応用したゲームがいくつかありますが、サイコロが容易に手に入らない場合は、六角形の鉛筆の各面に数字を書き込んでころがす、トランプの札をひいてもらう、などの方法で対応することができます。余裕があるなら、下の展開図をコピーして、厚紙に貼って（軽すぎるとよく転がりません）、切りとって組み立ててください。展開図を応用して漢数字のサイコロを作ってもいいでしょう。

　また、すごろくのコマは教師が用意しておいてもいいけれど、学習者の筆入れの中にある消しゴムやクリップなどを使ってもらえば十分でしょう。

　小道具一つでタスクやゲームに臨場感が出て盛り上がることは多いです。例えばぬいぐるみが一つあれば、「ある・いる」の文法練習からモデル会話の相棒役まで、幅広く活躍します。数字や助数詞の練習なら、教室内や手元の文具の出番です。マイクや電話は本物があるに越したことはないけれど、なければ黒板消しやマーカーでもいいのです。手拭いと扇子をなんにでも見立てる落語家を見習って、表情やジェスチャーで学習者の想像力をかきたてましょう。

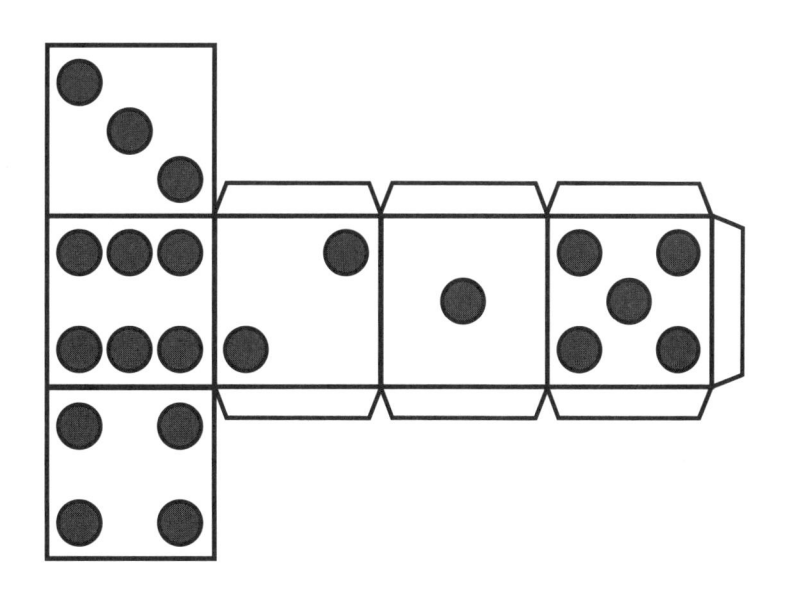

～そうだ（1）　　伝聞　　クラス

文型	：この人は、自転車で学校へ来る<u>そうです</u>。
ゴール	：ヒントを聞いて、「この人」がだれかを当てる
活動の種類	：クラス全体［クイズ］
用意するもの	：タスクシート1・2（人数分）

手順

1. タスクシート1を人数分用意する。タスクシート2を用いる場合は、活動を始める前に質問項目を記入しておく。
2. 学習者にタスクシートを1人1枚ずつ配り、名前を記入させた後、それぞれの質問項目に対する自分の答えを書かせる。
3. シートを一度回収して、再び学習者にランダムに配る。
4. 学習者は自分のところに来たシートの情報を、「この人は～（だ）そうです。」を用いて発表する。残りの学習者は、それがだれのことか当てる。

> 例　A：この人は、ジョギングが好きだそうです。**自転車で学校へ来るそうです。**
> 　　B：リーさんですか。
> 　　A：いいえ、ちがいます。**妹が1人いるそうです。**
> 　　C：ペドロさんですか。
> 　　A：はい、そうです。

アドバイス

・ タスクシート2を用いる場合の質問項目は、教師が学習者のレベルや興味に合わせて作っておく。その人の特徴が現われるものが分かりやすくて盛り上がる。
　　例：生活習慣、予定、家族、故郷、好き／嫌い、得意／不得意、所有物、など

語句

住む、来る、いる、学校、兄弟、趣味、好き、食べ物、この人

▶タスクシート1

名前 (なまえ) _____

1. どこに住(す)んでいますか。
   _____

2. 何(なに)で学校(がっこう)へ来(き)ますか。
   _____

3. 兄弟(きょうだい)は何人(なんにん)いますか。
   _____

4. 趣味(しゅみ)は何(なん)ですか。
   _____

5. 好(す)きな食(た)べ物(もの)は何(なん)ですか。
   _____

▶タスクシート2

名前 (なまえ) _____

1. _____

2. _____

3. _____

4. _____

5. _____

～そうだ（2）　　伝聞　　ペア

```
文型　　　　：アイスクリームが好きだそうです。
ゴール　　　：情報を得て、人に伝える
活動の種類　：ペア［Q＆A］
用意するもの：「～そうだ(1)」のタスクシート1・2 (p.85)（人数分）
```

手順

1. タスクシート1を人数分用意する。
2. タスクシート2を用いる場合は、活動を始める前に質問項目を記入しておく。
3. 学習者をペアにして、それぞれにタスクシートを1枚ずつ配る。
4. お互いにインタビューをして相手の情報を得る。

```
インタビュー例　　A：どこに住んでいますか。
　　　　　　　　　B：京都に住んでいます。
　　　　　　　　　A：何で学校へ来ますか。
　　　　　　　　　B：バスで学校へ来ます。
```

5. ひととおり終えたら、相手について発表する。発表の仕方は、発表例(1)のようなほかの人を紹介するレポート形式でも、(2)のような質疑応答形式でもいい。

```
発表例(1)　A：Bさんは京都に住んでいるそうです。バスで学校へ来るそうです。
発表例(2)　A：Bさんは京都に住んでいるそうです。
　　　　　　C：Bさんは歩いて、学校に来ますか。
　　　　　　A：いいえ、バスで来るそうです。
```

アドバイス

- タスクシート2を用いる場合の質問項目は、教師が学習者のレベルや興味に合わせて作っておく。その人の特徴が現われるものが分かりやすくて盛り上がる。（例：予定、家族、住んでいるところ、通学形態、故郷、趣味、好き／嫌いなど）

語句

住む、来る、学校、バス、電車、歩いて、京都、など

～そうだ（3） 様態

クラス

> 文型　　　　：おいし<u>そう</u>ですね。
> ゴール　　　：もらったものについてコメントを言う
> 活動の種類　：クラス全体　［自由発言］
> 用意するもの：形容しやすい品物いろいろ（セーター、食べ物、本、CDなど）

手順

1. 学習者の数人に違う品物を、1つずつプレゼントとして渡す。
2. もらった学習者は、それについて適当なコメントを付けてお礼を言う。
3. プレゼントをもっている学習者は、持っていない人を探してプレゼントする。
4. もらった人は、それについて適当なコメントを付けてお礼を言う。
5. 同様に3〜4の活動をくり返す。

> 例　A：Bさん、これどうぞ。
> 　　B：きれいなセーター、あたたかそうですね。ありがとう。
>
> 　　C：Dさん、これをどうぞ。
> 　　D：おもしろそうな本ですね。ありがとうございます。

アドバイス

- 動詞＋やすい（「使いやすい」「書きやすい」）の練習にも使える。
- やりもらいだけでなく、旅行や観光などのチラシを使って、勧誘（「〜ませんか」）などの練習にも使える。
    例　A：(チラシなどを見せて)いっしょにこの映画を見ませんか。
    　　B：ああ、おもしろそうですね。いきましょう。

語句

形容詞... おいしい、おもしろい、たのしい、あたたかい、すずしい、気持ちいい、
　　　　あまい、にぎやかだ、など
感謝の表現... ありがとう、いただきます、など

尊敬語

グループ

文型	：先生は朝ごはんにトーストとサラダを<u>召し上がり</u>ます。
ゴール	：教師のプロフィールを尊敬語を使って発表する
活動の種類	：グループ[Q＆A]
用意するもの	：メモ用紙(グループ数分)

手順

1. 3人程度のグループを作り、各グループにメモ用紙を渡す。
2. 各グループで、教師を紹介するためにどのようなことを聞くか話し合い、質問事項をメモ用紙に書く。
3. 質問項目が決まったら、教師に質問する。
4. それをまとめてプロフィールを作り、発表する。

質問例　A：先生は朝ごはんに何を召しあがりますか。
　　　　T：トーストとサラダと卵を食べます。
発表例　A：先生は朝ごはんに、トーストとサラダと卵を召し上がります。

アドバイス

- 発展として何人かの教師に協力してもらってインタビューに応じてもらうとよい。そのときに、聞かれて失礼、あるいは答えたくないと思った質問には答えないようにお願いしておくとよい。
- 答えてもらえなかった項目を取り上げ、それがどうしてか、自国ではどうかなど、ディスカッションすることにより、言語の文化的側面にも触れることもできる。

語句

質問の例：
　朝ごはんに何を召し上がりますか。
　毎朝、何時に学校へいらっしゃいますか。
　どうやって(何で)学校へいらっしゃいますか。
　休日は何をなさいますか。
　スポーツをなさいますか。
　どんなテレビ番組をご覧になりますか。
　マンガをお読みになりますか。

付録 4 季節・行事カード

～たい

ペア

文型　　　　：海外旅行が<u>したい</u>です。
ゴール　　　：何がしたいか聞き合う
活動の種類　：ペア［Q & A］
用意するもの：タスクシート（人数分）

手順

1. タスクシートを人数分用意する。
2. 学習者をペアにして、タスクシートを各自に1枚ずつ配る。
3. 1～8の状況でしたいことを聞き合い、記入する。

> 例　状況1（100万円をもらいました。）
> 　　A：100万円をもらいました。何がしたいですか。
> 　　B：海外旅行がしたいです。Aさんは何がしたいですか。
> 　　A：貯金したいです。

アドバイス

- 学習者のレベルによっては、いつ、どこで、だれと、何をしたいかなど、なるべく具体的に言わせるほうが盛り上がる。
- 学習者が各自質問事項を考え、ほかの学習者に尋ねて回り、結果をクラスで発表することも出来る。
- 「～たら」の練習として用いることもできる。例：「100万円をもらったら、何がしたいですか」）

語句

100万円、暑い、寒い、1カ月、休み、ハワイ、行く、ひま、いい天気、午後、授業

▶タスクシート

1. 100万円をもらいました。
　　まんえん
　_____

2. 暑いです。
　あつ
　_____

3. 寒いです。
　さむ
　_____

4. 1ヵ月休みがあります。
　いっ かげつやす
　_____

5. ハワイに行きます。
　　　　　い
　_____

6. ひまです。
　_____

7. いい天気です。
　　　てんき
　_____

8. 午後は授業がありません。
　ごご　じゅぎょう
　_____

～たいんですが

グループ
(6~8人)

文型	：パーティーの予約を<u>したいんですが</u>。
ゴール	：パーティー会場を探して予約する／予約を受ける
活動の種類	：グループ(6～8人)［ゲーム(パートナー探し)］
用意するもの	：ロールカードA・B(人数分)

手 順

1. ロールカードを人数分用意し、切り離す。カードはA(客)とB(レストラン)がそれぞれ4種類ある。学習者が6人ならそれぞれ3種類ずつ、計6枚のカードを用意する。
2. 学習者をグループに分け、ロールカードA(客)とB(レストラン)の役を割り振る。各役割のカードを1枚ずつ配り、カードの見方を説明する(ロールカードBの×は、すでに予約が入っているという意味である)。
3. 学習者は席を立ち、グループ内で適当に相手を見つける。A(客)はB(レストラン)に質問し、条件(日時、人数、値段、食べ物)が合うかどうかを確認する。
4. すべての条件が合うパートナーが見つかったら終わり。

例 A：すみません。16日にパーティーをしたいんですが。
B：何時からですか。
A：6時ごろから始めたいんですが。
B：何名様でしょう。
A：20人くらいです。
B：20人ですね。
A：あの、ワインが飲みたいんですが。
B：分かりました。で、いくらぐらいで。
A：1人3000円でお願いしたいんですが。
B：では、3000円のコースでいいですか。
A：はい。じゃ、お願いします。

アドバイス

- 学習者が奇数の場合、条件の合わない学習者が生じることになるので、教師が加わるなどしてできるだけ偶数人数のグループを作る。
- 食べ物や飲み物は学習者に合わせて変更するとよい。
- 結婚記念日や友達の誕生日のためにパーティを行うという状況を設定して始めると盛り上がる。

語 句

飲む、食べる、お願いする、パーティーをする、予約する、始める、日、時間、人数、値段、食べ物、コース、魚料理、人数、ワイン、

▶ロールカードA（客）

a)
日　　：16日
時間　：pm 6：00〜
人数　：25人
値段　：3000円まで
食べ物：魚料理が食べたいです。

b)
日　　：23日
時間　：pm 6：00〜
人数　：18人
値段　：3000円まで
食べ物：ワインが飲みたいです。

c)
日　　：23日
時間　：pm 8：00〜
人数　：12人
値段　：4000円まで
食べ物：魚料理が食べたいです。

d)
日　　：30日
時間　：pm 8：00〜
人数　：24人
値段　：4000円まで
食べ物：ワインが飲みたいです。

▶ロールカードB（レストラン）

a)

	6：00	8：00
16日		
23日		×
30日	×	

人数　：30人まで
コース：3000円、4000円
魚料理はあります。
ワインはありません。

b)

	6：00	8：00
16日		×
23日		
30日	×	

人数　：20人まで
コース：3000円、5000円
魚料理はありません。
ワインはあります。

c)

	6：00	8：00
16日		×
23日		
30日	×	

人数　：20人まで
コース：4000円、5000円
魚料理はあります。
ワインはありません。

d)

	6：00	8：00
16日		
23日	×	
30日	×	

人数　：30人まで
コース：4000円、6000円
魚料理はありません。
ワインはあります。

〜ために　　　目　的

グループ（4〜5人）

文型	：朝起きる<u>ために</u>使います。
ゴール	：クイズを作る／クイズの答えを当てる
活動の種類	：グループ（4〜5人）［クイズ］
用意するもの	：絵カード（拡大1枚と切り離したもの適当数）

手順

1. 絵カードを切り離さずシート状のまま拡大したものを1枚用意し、学習者に見えるように黒板などにはっておく。
2. 絵カードを適当数（人数×2〜3枚）用意し、切り離す。
3. 学習者を4〜5人のグループに分け、各学習者に絵カードを2、3枚ずつ配る。
4. 学習者は、カードに書かれたものが答えになるように「〜ために」を使ってクイズを作り出題する。たとえば、めざまし時計だったら、「朝起きるために使います」という文を作る。
5. ほかの学習者は黒板に貼ってある絵の中から正解を探す。クイズの文だけで分からなければ質問をしてもよい。
6. ひとつのクイズが終わったら出題者を変える。

```
例1  A：朝起きるために使います。      例2  A：本を読むために行きます。
     B：毎日使いますか。                   B：本を借りられますか。
     A：はい、毎日使います。                A：はい。借りられます。
     B：めざまし時計ですか。               C：図書館ですか。
     A：そうです。                        A：そうです。
```

アドバイス

- まずは教師がクイズを作って出題し、モデルを示す。
- 慣れたらカードなしで自由にクイズを作らせる。
- その国に独特なものや伝統的な道具を説明してもらうのもよい。
- 連体修飾の練習にも応用できる。
    例：朝、起きるために使うものです。

語句

バス停、台所、病院、郵便局、図書館、筆とすずり、めざまし時計、はさみ、けしゴム、掃除機、スプーン、鏡（虫めがね）、新聞、テレビ、洗濯機、
バスに乗る、料理をする、病気を治す、切手を買う、本を読む、字を書く、朝起きる、紙を切る、字を消す、部屋をきれいにする、アイスクリームを食べる、自分の顔を見る、ニュースを知る（読む）、ドラマを観る、服をきれいにする

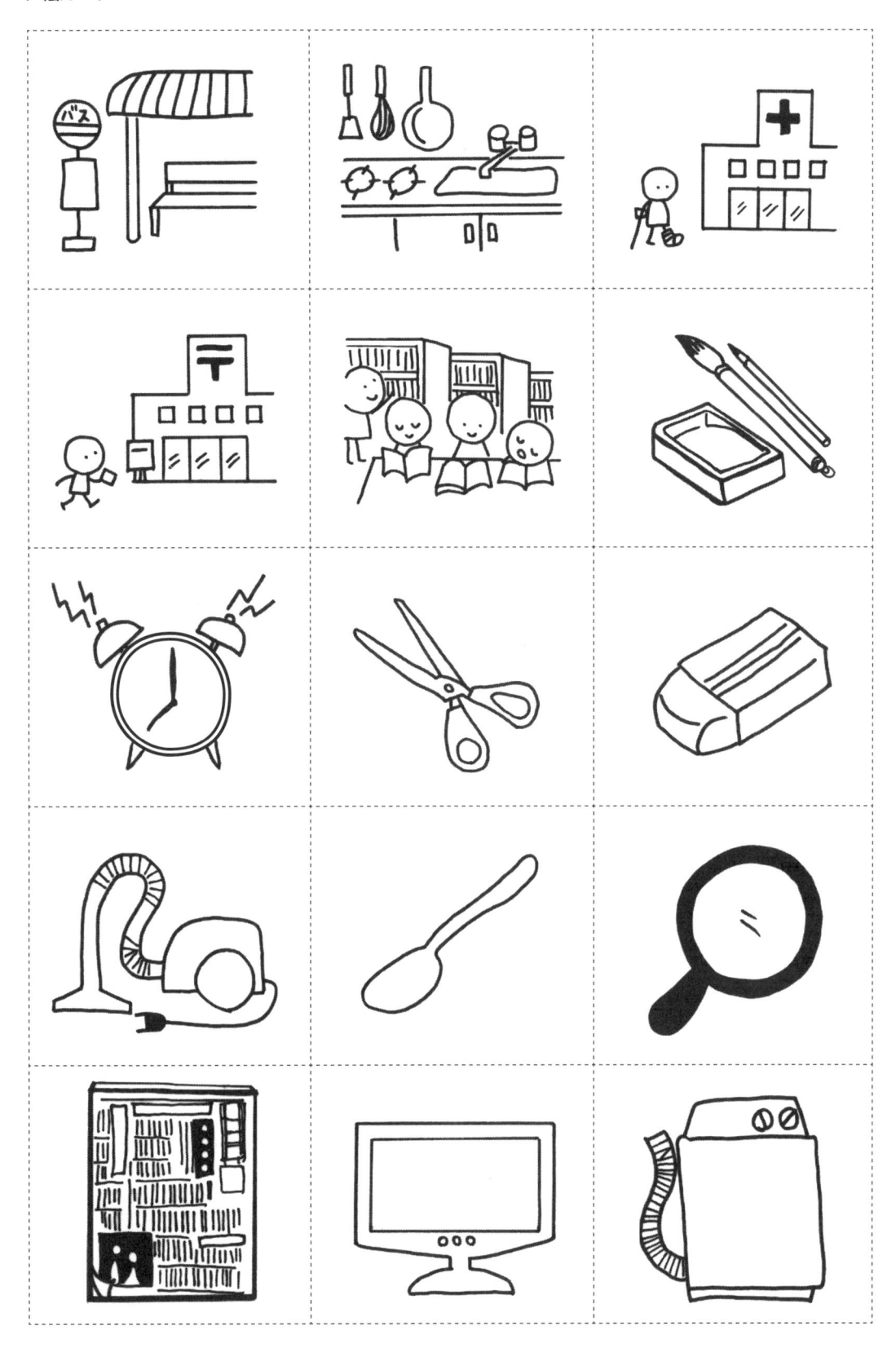

▶絵カード

～たら

クラス

文型	：日本に行っ<u>たら</u>、秋葉原でデジカメを買いたいです。
ゴール	：「たら」を使った文をたくさん作る
活動の種類	：クラス全体　[文作り]
用意するもの	：タスクカード(前の句・後の句それぞれ1セット)

手順

1. タスクカード(前の句・後の句)を切り離し、それぞれ1セット用意する。
2. 教師が、前の句または後の句のカードを1枚提示し、学習者は、後の句または前の句を考えて「～たら」を使った文を完成させる。
3. 他の学習者も違う文を考えたら言う。

例　前の句 ＜「日本に行ったら」のカードを引く＞
　　A：日本に行ったら、富士山に登りたいです。
　　B：日本に行ったら、秋葉原に行きたいです。

　　後の句 ＜「とても疲れました」のカードを引く＞
　　A：運動したら、とても疲れました。
　　B：勉強したら、とても疲れました。

アドバイス

- 学習者のレベルに合わせて、カードを取捨選択して使うとよい。
- 前の句は、現実的なもの(例：クラスが終わったら)と、非現実的なもの(例：宝くじで百万円当たったら)を使用するとおもしろい。
- 「卒業したら」だけのカードを使って、「卒業したら、就職します。就職したら、お金をためます。お金がたまったら、家を買います。家を買ったら、結婚します。結婚したら、…」などと、つなげていくことにしてもよい。

語句

日本、行く、国、帰る、卒業する、クラス、終わる、アパート、ひま、宝くじ、百万円、当たる、月、明日、天気、週末、雨、降る、結婚する、ビール、飲む、車、買う、タクシー、乗る、3キロ、やせる、疲れる、眠い、家族、会う、日本、踊る

▶タスクカード（前の句）

日本に行ったら、 <small>にほん　い</small>	国へ帰ったら、 <small>くに　かえ</small>
卒業したら、 <small>そつぎょう</small>	クラスが終わったら、 <small>おわ</small>
アパートへ帰ったら、 <small>かえ</small>	ひまがあったら、
宝くじで百万円当たったら、 <small>たから　　ひゃくまんえん あ</small>	月に行ったら、 <small>つき　い</small>
明日いい天気だったら、 <small>あした　　てんき</small>	週末雨が降ったら、 <small>しゅうまつあめ　ふ</small>

▶タスクカード（後の句）

結婚しようと思っています。 <small>けっこん　　　おも</small>	ビールが飲みたいです。 <small>の</small>
車を買いたいです。 <small>くるま か</small>	タクシーに乗るつもりです。 <small>の</small>
3キロやせました。	とても疲れました。 <small>つか</small>
眠くなりました。 <small>ねむ</small>	家族に会いたくなりました。 <small>かぞく　あ</small>
日本に行きたくなりました。 <small>にほん　い</small>	踊りたくなりました。 <small>おど</small>

～たらいい

ペア

文型　　　　：いつ行ったらいいですか。
ゴール　　　：旅行のアドバイスを受ける
活動の種類　：ペア［Ｑ＆Ａ］
用意するもの：タスクシート（人数分）

手　順

1. タスクシートを人数分用意する。
2. 学習者をペアにして、タスクシートを各自に１枚ずつ配る。
3. お互いにパートナーの出身地に旅行する、という想定でアドバイスを受ける。シートの一番下の「＿＿＿＿？」の欄は、各学習者が質問を考える。

> 例　A：今度、韓国へ旅行に行こうと思うんですが …。
> 　　　B：ああ、そうですか。
> 　　　A：韓国はいつ行ったらいいですか。
> 　　　B：そうですね、春がいいですよ。
> 　　　A：どこへ行ったらいいですか。
> 　　　B：済州島がいいですよ。

4. 得た情報をタスクシートに記入する。

アドバイス

- 答えるときには「～たらいいですよ」よりも、「～がいいですよ」のほうが自然な場合が多いのであらかじめ指導しておくとよい。
  例：〇〇教会がいいですよ。（助言）
  　　おみやげなら、〇〇がいいですよ。（助言）
- また、注意・勧告を与える場合は「～たほうがいい」「～ないほうがいい」が自然である。この文型を使うかどうかは学習者のレベルによって決めること。
  例：薬を飲んだほうがいいですよ。（勧告）
  　　冬は行かないほうがいいですよ。（注意）

語　句

旅行、いつ、どこへ、行く、何を、見る、食べる、おみやげ

▶タスクシート（2枚分）

いつ行く？	_____
どこへ行く？	_____
何を見る？	_____
何を食べる？	_____
おみやげ？	_____
_____？	_____

いつ行く？	_____
どこへ行く？	_____
何を見る？	_____
何を食べる？	_____
おみやげ？	_____
_____？	_____

〜たり、〜たり

クラス

文型	：本を読んだり、テレビを見たりします。
ゴール	：しりとりを続ける
活動の種類	：クラス全体　［ゲーム（しりとり）］
用意するもの	：特になし

手順

1. はじめに教師が質問を出す。
2. 最初の学習者は「〜たり〜たり」を用いて文を作る。
3. 次の学習者は、前の学習者が2番目に言った「〜たり」に、さらに新しい「〜たり」を付け加えて文を作る。
4. 続けられなくなったら、今度はその学習者が質問を出し、新たにしりとりを始める。

例　［質問］
　　T：休みの日に何をしますか。
　　［答え・しりとり］
　　A：本を読んだり、テレビを見たりします。
　　B：テレビを見たり、CDを聞いたりします。
　　C：CDを聞いたり、散歩をしたりします。
　　D：散歩をしたり…。

　　［質問］
　　D：図書館で何をしますか。
　　［答え・しりとり］
　　E：新聞を読んだり、本を借りたりします。

アドバイス

- まず、教師が例を用いて、一連の流れを説明してから活動に入るとよい。
    質問例：夏休みに何をしますか？
    　　　　新宿で何をしますか？
    　　　　恋人と何をしますか？
    　　　　週末に何をしましたか？

語句

本を読む、テレビを見る、CDを聞く、散歩をする、新聞を読む、本を借りる、など

～て (1)　　～て、～て　　クラス

> 文型　　　　：デパートに行って、ＣＤを買って、家で聞きました。
> ゴール　　　：一続きの順序のある話を作る
> 活動の種類　：クラス全体またはグループ［文作り］
> 用意するもの：動詞カード

手　順

1. 動詞カードを用意する（アドバイス参照）。
2. 動詞カードを各学習者または各グループに、数枚ずつ配る。
3. 学習者はもらったカードに書かれた動詞を使い、一続きの話になるように順序を考えて並べ、1つの文を作る。
4. 発表する。

> 例：（もらったカードが「聞く」「行く」「買う」の場合）
> 　　きのう、東京のデパートに行って、○○の新しいＣＤを買って、家で妹と2人で聞きました。

アドバイス

- 動詞カードには文字か絵を書いておく。文型練習でふだん使っている動詞のフラッシュカードや絵カードを利用してもよい。各学習者または各グループに3枚くらいずつ行き渡るように数を調整する。
- 連用形接続の練習もできる。
    例：きのう、東京のデパートに行き、○○の新しい CD を買い、家で妹と2人で聞きました。
- 全員（全グループ）に同じ動詞セットを与えて、一続きの話になるように文を作らせ、発表させてもよい（この場合、板書すればよいのでカードは必要ない）。

語　句

行く、来る、帰る、乗る、読む、書く、話す、聞く、見る、食べる、飲む、買う、寝る、（テニスを）する、勉強する、そうじする、など

～て(2)　　原因

グループ(2〜3人)

文型	：うるさく**て**勉強できませんでした。
ゴール	：文の前半と後半を組み合わせて、完成させる。
活動の種類	：グループ(2〜3人)［文作り］
用意するもの	：前半カード(グループ数のセット)、後半カード(1セット)

手 順

1. 前半カードはグループ数分のセット、後半カードは1セット用意し切り離す。空白部分には、適当に人物名を入れる。
2. 学習者を2〜3人ずつのグループに分ける。
3. 各グループに前半カードを1セットずつ配る。後半カードは裏向きに重ねて教師が持つ。
4. 教師は後半カードの山から1枚ひき、読み上げる。
5. 学習者は読み上げたカードの内容にあう前半カードを選び、文を完成させて言う。

> 例　T：＜カードを引く＞　気持ちが悪くなりました。
> 　　A：＜「食べすぎた」というカードを選んで＞
> 　　　　食べすぎて、気持ちが悪くなりました。
> 　　T：＜カードを引く＞　寝られませんでした。
> 　　B：＜「車の音がうるさかった」というカードを選んで＞
> 　　　　車の音がうるさくて、寝られませんでした。

6. 適切な文ができたグループは点をもらう。複数の答えが出ても、適切であれば全てに点を与える。

アドバイス

- クラスの人数が少ない場合は、個人対抗にする。
- 各グループに後半カードを1セットずつ配り、学習者が1枚ひいて前半を考え、文を完成させることもできる。
    - 例：＜カードを引く＞「気持ちが悪くなった」
        →食べすぎて気持ちが悪くなりました。

語 句

頭が痛い、うれしい、悲しい、楽しい、大変、宿題が多い、車の音がうるさい、たくさん歩く、寝ぼうする、手紙が来る、車が壊れる、歌う、おどる、学校を休む、疲れる、時間／クラスに遅れる、食べすぎる、飲みすぎる、難しすぎる、気持ちが悪くなる、頭が痛くなる、友だちに会えない、寝られない、よく分からない

▶前半カード

食べすぎました た	飲みすぎました の
頭が痛かったです あたま いた	車の音がうるさかったです くるま おと
たくさん歩きました ある	寝ぼうしました ね
＿＿＿＿さんから手紙が来ました てがみ き	友達に会えませんでした ともだち あ
難しすぎました むずか	車がこわれました くるま
宿題が多かったです しゅくだい おお	歌ったりおどったりしました うた

▶後半カード

気持ちが悪くなりました きもち わる	頭が痛くなりました あたま いた
学校を休みました がっこう やす	寝られませんでした ね
疲れました つか	時間に遅れました じかん おく
うれしかったです	悲しかったです かな
よく分かりませんでした わ	クラスに遅れました おく
大変でした たいへん	楽しかったです たの

～て（3）　　原因

クラス

文型	：手伝ってくれ<u>て</u>、ありがとう。
ゴール	：文の前半を考えて、手紙を完成させる
活動の種類	：クラス全体　［文作り］
用意するもの	：タスクカード1（拡大1枚）、タスクカード2（人数分）

手　順

1. タスクカード1を拡大し、黒板に貼る。タスクカード2は人数分用意し、切り離す。
2. タスクカード1の文を読んで、何の手紙か話し合う。宛名、自分の名前の書き方などを確認する。
3. タスクカード2を学習者に配り、クラス内にいる人に宛てて手紙を書くように指示する。
4. 記入が済んだら、それぞれの手紙を宛名の人に手渡す。
5. 手紙をもらった人が読んで発表する。

> 例　A：Bさんに手紙をもらいました。
> 　　〈読む〉「Aさん、きのうは遅刻して、すみませんでした。次は気をつけます。」

アドバイス

- 学習者のレベルによっては、言いわけの文章を加えてもよい。
    例：きのうはレポートがあって、とても忙しかったんです。
- タスクカード［付録］を使って、お礼、お祝の手紙を書く練習もできる。ただし、「～てくれる」が未習の場合、「*手伝って、ありがとう」のようにおかしな文になるので、このタスクは向かない。
- 人数が多い場合、発表は1人1通ずつにするなど、時間をかけすぎないようにする。
- 日記を書く活動にしてもよい。「4月8日（木）きのうは＿＿＿、勉強できなかった。」などの文章を作っておき、学習者に完成させる。

語　句

パーティ、すみませんでした、また今度、さそう、

▶タスクカード

1

田中さん
　きのうはパーティーに行けなくて、すみませんでした。
　また今度、さそってください。
　　　　　　　　　　すずき

2

_____
　きのうは_____
_____すみませんでした。
_____。
　　　　　　　　　_____

▶タスクカード［付録］

_____さん
　先週は_____
_____ありがとうございました。
　お礼のおかしです。食べてください。
　　　　　　　　　_____

_____さん
　おめでとう。
_____
_____よかったですね。
　私もうれしいです。
　　　　　　　　　_____

〜てある

ペア

文型	：掃除は**して**あります**か**。
ゴール	：パーティの準備で、まだできていないことを探す
活動の種類	：ペア［Q & A］
用意するもの	：タスクシート1(A・B)、2(A・B)（ペア数分）

手 順

1. タスクシート1をペア数分用意し、切り離す。
2. 学習者をペアにして、一方にタスクシートAを、もう一方にBを配る。シートはお互いに見せないようにする。
3. Aはタスクシートの絵を見ながら、「〜てありますか」を用いてBに質問し、まだ準備できていないことを探す。

> 例　A：Bさん、掃除はしてありますか。
> 　　B：はい、してあります。（Aは自分のタスクシートの1の欄に○をつける）
> 　　A：グラスは出してありますか。
> 　　B：いいえ、まだです。（2の欄に×をつける）

3. 終了したら、タスクシート2を用い、役割を替えて同様の活動を行う。
4. 最後にクラス全体で確認をする。

> 例　T：どんな準備がしてありましたか。
> 　　B：掃除がしてありました。

アドバイス

- パーティの準備に必要な語句(特に動詞)は、あらかじめ導入しておくこと。
- 否定の場合、「まだ〜てありません」という答え方は不自然になる。その代わりに「いいえ、まだです」という表現を導入しておくとよい。
- 結婚記念日や友達の誕生日のためにパーティを行うという状況を設定して始めると盛り上がる。

語 句

タスクシート1
① そうじをする
② グラスを出す
③ ゲームを用意する／準備する
④ おかしを並べる／出す
⑤ 花を飾る／生ける
⑥ スプーンとフォークを出す

タスクシート2
① ビールを冷やす／冷蔵庫に入れる
② ケーキを作る
③ ワインを買う
④ アイスクリームを買う／冷凍庫に入れる
⑤ 料理を作る
⑥ 果物を切る

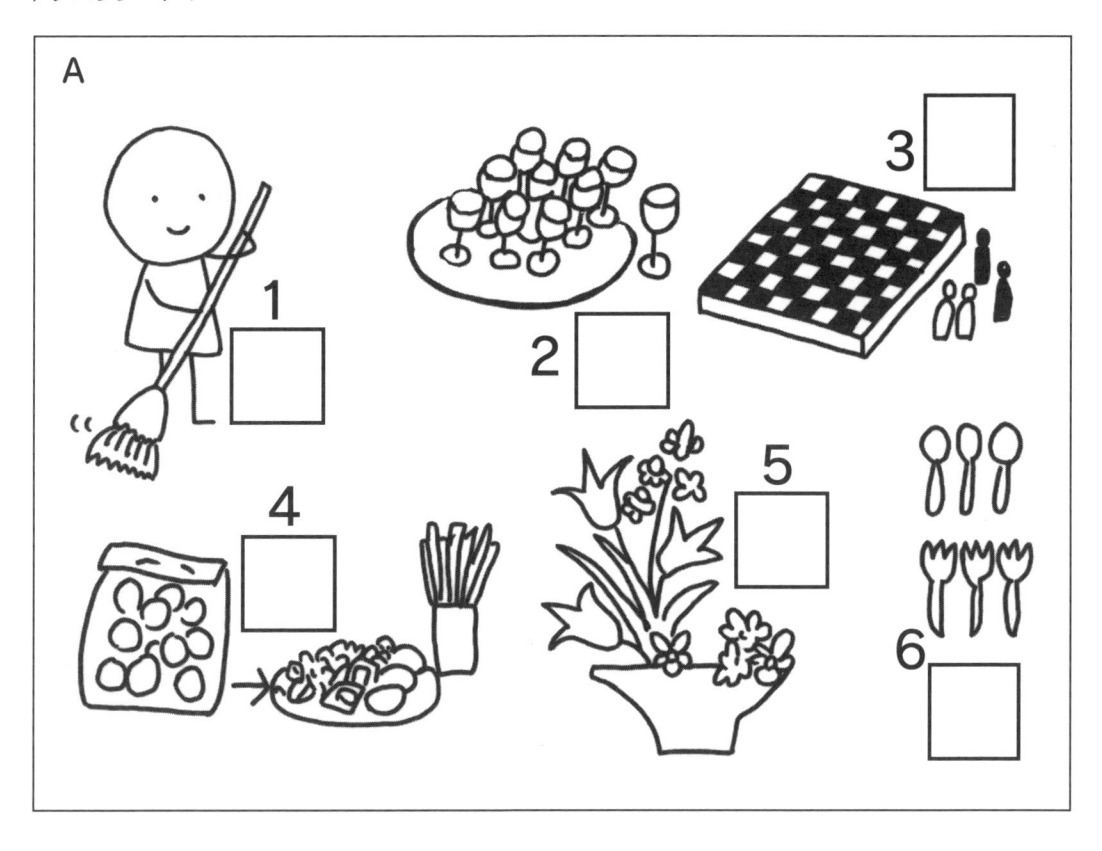

▶タスクシート1

▶タスクシート2

付録 5 職業カード

～ている（1）　動作の進行

ペア

文型	：ヤンさんは、何を<u>している</u>ますか。雑誌を読<u>んでい</u>ます。
ゴール	：絵の中の人物の名前を聞く
活動の種類	：ペア［Q & A］
用意するもの	：タスクシート1（A・B）、2（A・B）（ペア数分）

手順

1. タスクシート1をペア数分用意し、切り離す。
2. 学習者をペアにして、一方にタスクシートAを、もう一方にBを配る。シートはお互いに見せないようにする。
3. BはAに、だれが部屋にいるか聞き、それぞれが何をしているか質問する。
4. BはタスクシートBの[　　　]に名前を書き込む。

例 B：今、そこにはだれがいますか。
　A：ヤンさんと、パウロさんと、こうじさんと、キムさんとポールさんとマリオさんがいます。
　B：ヤンさんは何をしていますか。
　A：本を読んでいます。（Bは名前を書き込む）
　B：ポールさんは、何をしていますか。
　A：寝ています。（Bは名前を書き込む）

---

5. 全員の名前と人物が一致したら、タスクシート2を用い役割を交代して、もう一度行う。

アドバイス

- 人物名は、教師や学習者の馴染みのある人や有名人の名前などに変えて使うと盛り上がる。
- 連体修飾の練習にも使える。
    例：雑誌を読んでいる人はだれですか。

語句

タスクシート
1：ビールを飲む、寝る、雑誌を読む、テレビを見る、音楽（CD）を聞く、ピザを食べる
2：話す、新聞を読む、ケーキを食べる、ゲームをする、コーヒーを飲む、笑う

▶タスクシート1

▶タスクシート2

A

けいこ　リサ　パク　ハナ　リー　マリア

～ている (2)   動作の進行   クラス

> 文型　　　　：今、バナナを食べ<u>ています</u>。
> ゴール　　　：ジェスチャーを当てる
> 活動の種類　：クラス全体 [ゲーム (ジェスチャーゲーム)]
> 用意するもの：教師の作った指示カード

手 順

1. 指示カードを作る (アドバイス参照)。
2. 学習者を1人選び、カードを見せる。このとき、ほかの学習者に見えないように注意する。
3. 選ばれた学習者 (A) は、カードに書かれた動作をジェスチャーで演じる。口に出してはいけない。
4. 個人戦またはグループ対抗で、A以外の学習者が当てる。当たったら1点もらえる。点数の一番高い人が勝ち。

> 例　A：(バナナを食べる動作)
> 　　B：食べています。
> 　　A：(うなずく)
> 　　C：ソフトクリームを食べています。
> 　　A：(首か手を横に振る)
> 　　D：バナナを食べています。
> 　　A：はい。バナナを食べています。(Dが1点獲得)

アドバイス

- 指示カードには、文か絵を書いておく。ふだん文型練習で使っている動詞のフラッシュカードや絵カードを利用してもよい (指示カード例は語句を参照)。
- 学習者の力に応じて、「食べています」「バナナを食べています」「公園のベンチでバナナを食べています」など答えの複雑さを変える。
- 「ようだ(推量)」の練習にも使える (例：バナナを食べているようです)。
- グループ対抗にしてもよい。

語 句

(バナナを)食べています、(コーヒーを)飲んでいます、(CDを)聞いています、(手紙を)読んでいます、(電話で)話しています、(バスを)待っています、買い物をしています、テニスをしています、など

～ている（3）　過去の動作の進行　クラス

文型　　　　：友達と映画を見ていました。
ゴール　　　：過去の活動について話したり聞いたりする
活動の種類　：クラス全体　［Q & A］
用意するもの：タスクカード（拡大人数分）

手　順

1. タスクカードを拡大して切り離し、学習者に1枚ずつ配る。
2. カードの内容は先週の日曜日の過ごし方であると説明し、各自に与えられた内容を確認してもらう（口慣らしとして教師から学習者にいくつか質問する）。
3. 各自のタスクカードに書かれている質問を、他の学習者と尋ね合い、答えをタスクカードの罫線部分に書いていく。

例　A：Bさん、日曜日の朝6時に何をしていましたか。
　　B：寝ていました。
　　A：そうですか。（タスクカードに書き込む）
　　B：Aさんは、日曜日のお昼の12時に何をしていましたか。
　　A：昼ごはんを食べていました。
　　B：そうですか。（タスクカードに書き込む）

4. ひととおり聞き終えたら、その内容をもとにまとめを書き、結果を発表し合う。

例　私は朝6時について聞きました。8人が答えました。
　　6人はまだ寝ていました。1人は朝ごはんを食べていました。…

アドバイス

- タスクカードはA～Iまで9種類用意されているので、9人ぐらいまでが適当である。10人以上のクラスで行うなら、空白のカード（J）に適当な予定と応答例を書き込んで種類を増やすか、A～Jをそれぞれ複数枚ずつ使うとよい。
- 「行く」「来る」「帰る」などの「て形」は動作、進行ではなく、結果の状態を表すので注意する必要がある。

語句

テニス、シャワー、朝ごはん、せんたく、かたづけ、昼ごはん、デート、買いもの、晩ごはん、テレビ、おふろ、ゲーム、おやつ、アルバイト、勉強、インターネット、散歩、そうじ、映画、雑誌、料理、新聞、電話、メール、山登り、お弁当、ラジオ、本、ビデオ、昼寝、手紙、

▶タスクカード

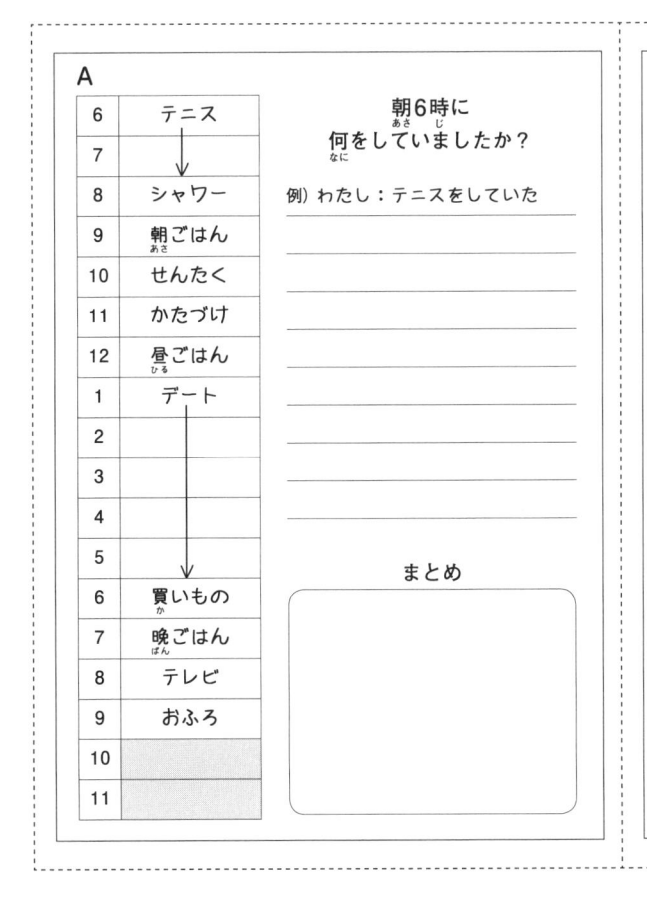

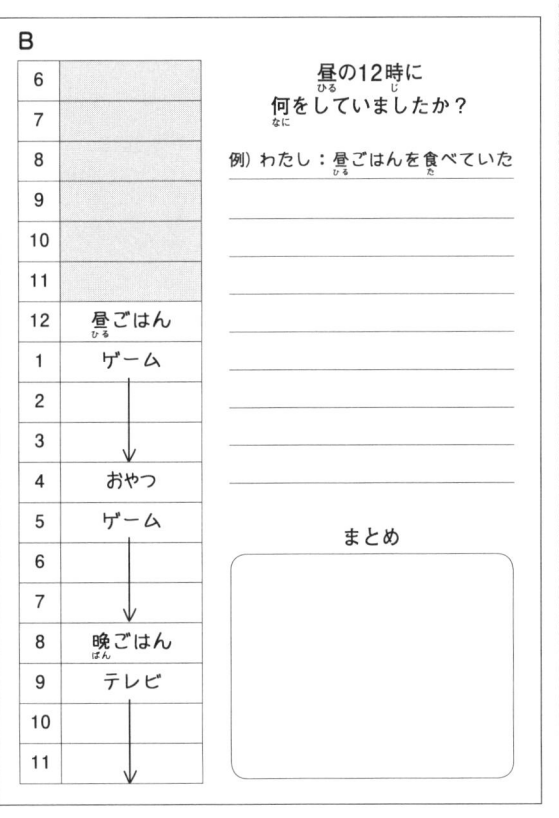

A

朝6時に何をしていましたか？

例) わたし：テニスをしていた

6	テニス
7	↓
8	シャワー
9	朝ごはん
10	せんたく
11	かたづけ
12	昼ごはん
1	デート
2	
3	
4	
5	↓
6	買いもの
7	晩ごはん
8	テレビ
9	おふろ
10	
11	

まとめ

B

昼の12時に何をしていましたか？

例) わたし：昼ごはんを食べていた

6	
7	
8	
9	
10	
11	
12	昼ごはん
1	ゲーム
2	
3	↓
4	おやつ
5	ゲーム
6	
7	↓
8	晩ごはん
9	テレビ
10	
11	↓

まとめ

C

時	予定
6	
7	
8	朝ごはん
9	アルバイト
10	↓
11	↓
12	↓
1	昼ごはん
2	勉強
3	↓
4	買いもの
5	シャワー
6	晩ごはん
7	テレビ
8	↓
9	インターネット
10	↓
11	

夕方6時に何をしていましたか？

例) わたし：晩ごはんを食べていた

まとめ

D

時	予定
6	散歩
7	↓
8	朝ごはん
9	せんたく
10	そうじ
11	勉強
12	↓
1	買いもの
2	↓
3	映画
4	↓
5	雑誌
6	料理
7	晩ごはん
8	勉強
9	↓
10	おふろ
11	

朝8時に何をしていましたか？

例) わたし：朝ごはんを食べていた

まとめ

E

時	予定
6	
7	
8	
9	朝ごはん
10	新聞
11	せんたく
12	そうじ
1	昼ごはん
2	買いもの
3	↓
4	映画
5	↓
6	料理
7	晩ごはん
8	電話
9	おふろ
10	メール
11	

午後2時に何をしていましたか？

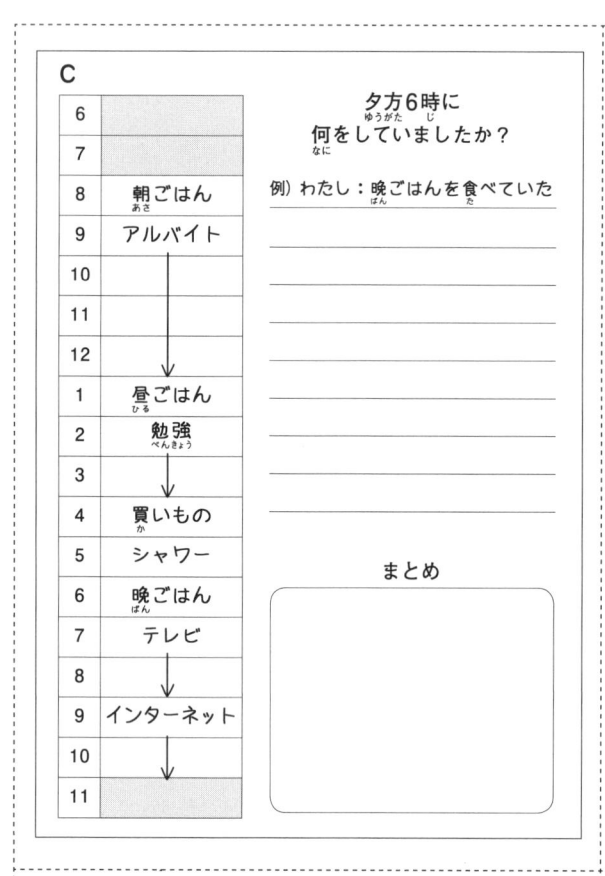

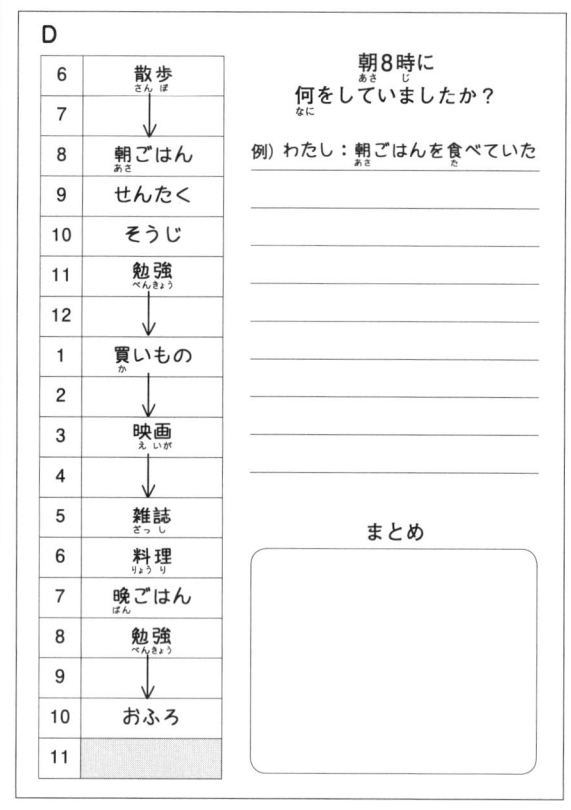

例) わたし：買いものをしていた

まとめ

F

時	予定
6	朝ごはん
7	山登り
8	↓
9	↓
10	↓
11	お弁当
12	↓
1	↓
2	↓
3	↓
4	おやつ
5	おふろ
6	晩ごはん
7	テレビ
8	↓
9	
10	
11	

夜8時に何をしていましたか？

例) わたし：テレビを見ていた

まとめ

G

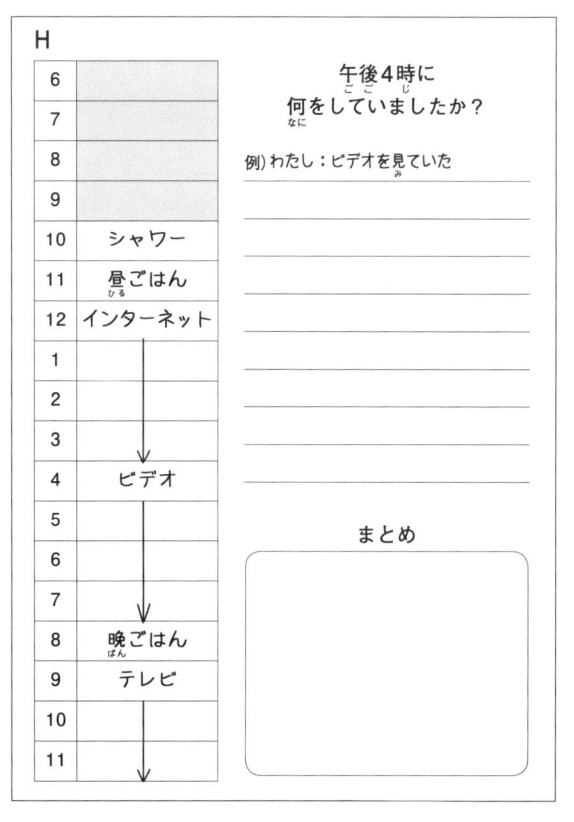

時	予定
6	
7	
8	
9	朝ごはん
10	そうじ
11	せんたく
12	ラジオ
1	昼ごはん
2	本
3	↓
4	勉強
5	
6	散歩
7	晩ごはん
8	おふろ
9	ビデオ
10	↓
11	

午前10時に
何をしていましたか？

例) わたし：そうじをしていた

まとめ

H

時	予定
6	
7	
8	
9	
10	シャワー
11	昼ごはん
12	インターネット
1	↓
2	
3	↓
4	ビデオ
5	
6	
7	↓
8	晩ごはん
9	テレビ
10	↓
11	

午後4時に
何をしていましたか？

例) わたし：ビデオを見ていた

まとめ

I

時	予定
6	
7	朝ごはん
8	アルバイト
9	
10	
11	↓
12	昼ごはん
1	昼寝
2	
3	↓
4	そうじ・おやつ
5	散歩
6	シャワー
7	晩ごはん
8	手紙
9	勉強
10	テレビ
11	

夜11時に
何をしていましたか？

例) わたし：寝ていた

まとめ

J

時	予定
6	
7	
8	
9	
10	
11	
12	
1	
2	
3	
4	
5	
6	
7	
8	
9	
10	
11	

_____時に
何をしていましたか？

例) わたし：

まとめ

〜ている（4）　　習　慣

　ペア

```
文型　　　　　：毎日ジョギングをしています。
ゴール　　　　：ふだん健康のためにしていることを話す
活動の種類　　：ペア ［アンケート（健康チェック）］
用意するもの　：タスクシート（人数分）
```

手　順

1. タスクシートを人数分用意する。
2. タスクシートを各自に1枚ずつ配って、語彙を確認する。
3. 問9、10は、教師が考えるか、学習者に作らせて記入しておく。
4. 学習者は、自分についての答えを記入する。
5. 学習者をペアにして、それぞれ相手に質問して答えを記入する。

> 例　A：何かスポーツをしていますか。
> 　　B：はい、毎日ジョギングをしています。

6. ひととおり終ったら、相手が健康的かどうか（または、自分と相手のどちらがより健康的か）とその理由を発表する。

> 発表例　A：Bさんの生活はとても健康的です。
> 　　　　　　毎日ジョギングをしていますから。

アドバイス

- ペア活動ではなく、各自がクラスの複数の人に聞いて回るようにしてもよい。（タスクシートの回答欄を増やして使う。）
- 複数のアンケート結果を集計し、発表する活動を加えてもよい。その場合は、だれが一番健康的かも発表させる。
- 健康カウンセラー（または医者、スポーツジムの受け付け、エステの人など）と相談に来た人という設定や、街頭インタビューの質問者と回答者という設定にするとよい。
- 学習者の力に応じて、実際に教室外で日本人を相手にインタビューさせてもよい。
- 各問を「お仕事は何をなさっていますか」のように変更すれば、尊敬語の練習にも使える。
- 学習者に「〜ている」の形を作らせるため、タスクシートを次のように変えることもできる。

例	1. どこに（　　住む　　）か。		
	2. 仕事は何を（　　する　　）か。		

語　句

仕事、スポーツ、朝ごはん、野菜、牛乳、毎日、休みの日、など

▶タスクシート

健康アンケート
けんこう

	私 わたし	さん
1. どこに住んでいますか。 　　　　す		
2. 仕事は何をしていますか。 　しごと　なに		
3. 何かスポーツをしていますか。 　なに		
4. 毎朝、朝ごはんを食べていますか。 　まいあさ　あさ　　　　　た		
5. 野菜をたくさん食べていますか。 　やさい　　　　　　た		
6. 牛乳をたくさん飲んでいますか。 　ぎゅうにゅう　　　　　の		
7. 毎日、何時間ぐらい寝ていますか。 　まいにち　なんじかん　　　ね		
8. 休みの日は何をしていますか。 　やす　ひ　なに		
9.		
10.		

ありがとうございました

～ている（5）　　結果の状態　　ペア

```
文型　　　　：窓があいています。
ゴール　　　：2枚の絵の違いを探す
活動の種類　：ペア　[ゲーム（間違い探し）]
用意するもの：タスクシートA・B（ペア数分）
```

手 順

1. タスクシートをペア数分用意し、切り離す。
2. 学習者をペアにして、一方にタスクシートAを、もう一方にBを配る。シートはお互いに見せないようにする。
3. 学習者は、お互いに質問し合って、絵の異なっている点を探す。

> 例　A：窓が開いていますか。
>   B：いいえ、閉まっています。Aさん、テレビがついていますか。
>   A：いいえ、消えています。Bさんのは？
>   B：ついています。

4. 終わったら、2人でタスクシートを見比べて答えを確認する。

アドバイス

- 異なる点が6つあるということを前もって伝えておいてもよい。
- 先に6つ見つけた方を勝ちということにして、ペア対抗の競争にしてもよい。

語 句

答え：
電気がつく／消える、テレビがつく／消える、窓が開く／閉まる、服がかかる／おちる、花が咲く／咲いていない、リンゴがかごに入る／かごから出る

▶タスクシート

A

B

〜ておく

文型	：ビールを冷やしておきます。
ゴール	：計画を立てて、準備しなければならないことを考える
活動の種類	：クラス全体［自由発言］
用意するもの	：特になし

手順

1. 教師が次のような状況を提示して、どんな準備をしておくとよいか意見を募る。

> 状況の例： 海外旅行に行く、お客さんが家に来る、パーティーをひらく、デートをする、就職の面接を受ける、など。

2. 学習者は自由に考えて発言する。

> 例 T：アフリカに一ヶ月ぐらい旅行に行きます。何をしておきますか？
> 　　A：パスポートをとっておきます。
> 　　B：ビザもとっておきます。
> 　　C：予防注射をしておきます。
> 　　D：ガイドブックを買っておきます。

アドバイス

- 現実に何かの計画を立てるような状況だと実際的で盛り上がる。
- ペアやグループで話し合い、何をしておくかを決めさせてもよい。そのときは「ておきましょう」の形を使用する。
- 「〜たらよい」「〜とよい」が既習ならばアドバイスをする人とされる人というロールプレイをすることもできる。
    - 例：A「トヨタの面接を受けるんですが、何をしておいたらいいですか」
    - 　　B「それなら車の本を読んでおいたらいいですよ」
- アドバイスの練習の場合、だらしない男性がこれからデートする、遊んでばかりだった学生が就職活動する、など、より具体的な状況を与えてロールプレイを作らせてもおもしろい。

語句

旅　行：パスポートをとる、ビザをとる、予防注射をする、ガイドブックを買う・読む、地図を買う、航空券を予約する、大使館で情報を集める、など
お客さん／パーティー：そうじする、片づける、お茶を用意する、花を飾る(いける)、おかしを買う・作る、ビール(ワイン)を冷やす、など
デート：お金をおろす、下見をする、靴を磨く、美容院(エステ)に行く、アイロンをかける、歯を磨く、など
面　接：新聞を読む、スーツを買う、ヒゲをそる、髪を黒く染める、会社について勉強する、かばんや靴を買う、友達と練習をする、など

付録 6 世界地図

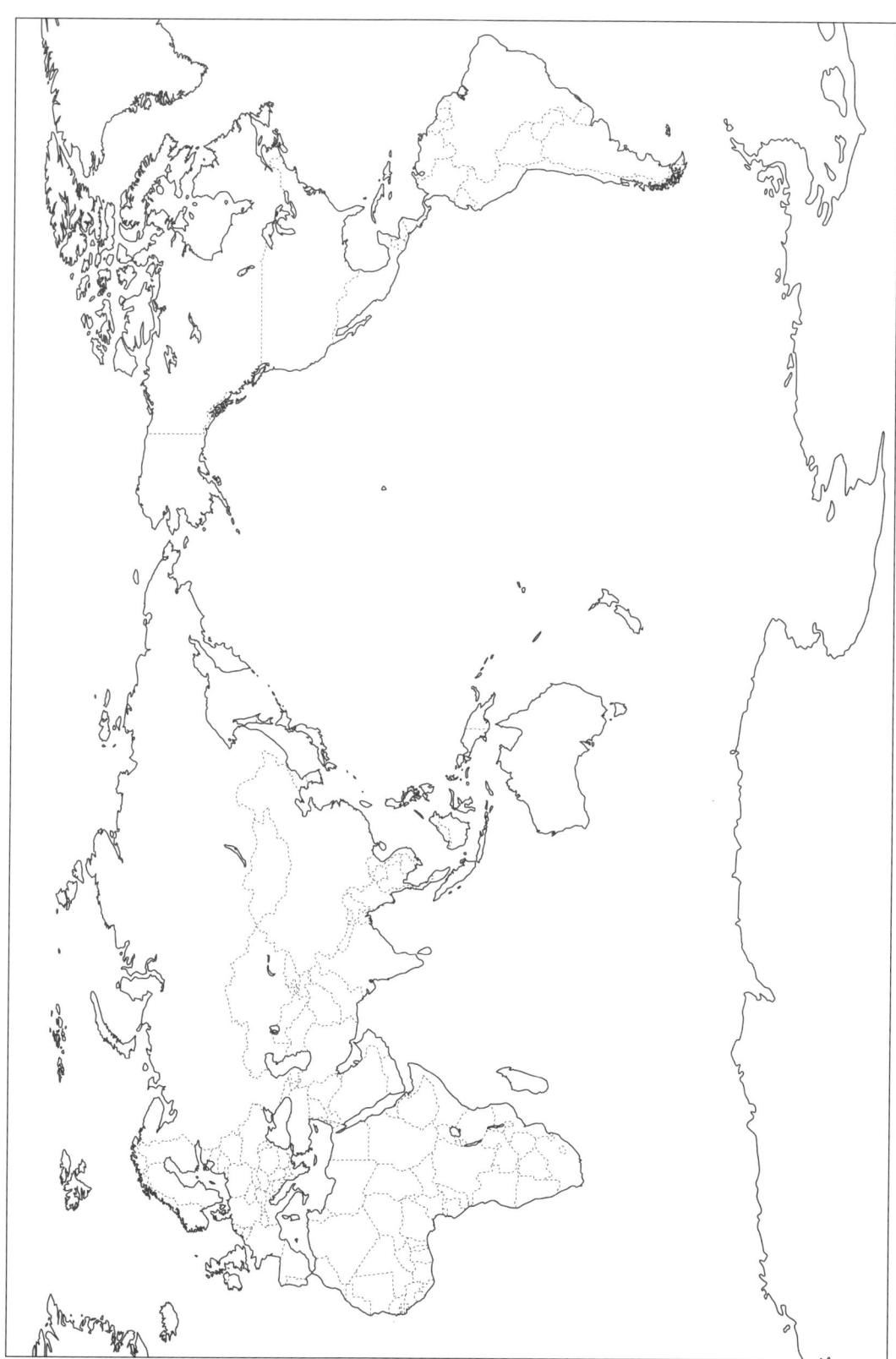

～てから (1)

ペア

文型	：朝起き<u>てから</u>コーヒーを飲みました。
ゴール	：行動を順序づけて言う
活動の種類	：ペア［Q & A］
用意するもの	：タスクシート(人数分)

手 順

1. タスクシートを人数分用意する。
2. 学習者をペアにして、タスクシートを各自に1枚ずつ配る。
3. 学習者は、朝起きたあとの自分の行動について考えて、□（わたし）の左上の欄に順番に2以降の数字を書き入れる。
4. 学習者はお互いに質問し合い、どのように順序づけたか聞く。パートナーの順番を□（わたし）の右下の欄に書き入れる。

例　A：朝起きてから何をしましたか。
　　B：新聞を読みました。
　　A：新聞を読んでから、何をしましたか。
　　B：コーヒーを飲みました。

アドバイス

・「～るまえに」「～たあとで」の練習にも使える。ただし、「コーヒーを飲む前に起きました」というのは、おかしな文になるので気をつける。

語 句

朝起きる、映画を見る、郵便局へ行く、勉強する、新聞を読む、コーヒーを飲む、うちへ帰る、電話をする(かける)、ご飯を食べる、寝る

▶タスクシート

〜てから（2）

> 文型　　　　：テレビを見**てから**、宿題をします。
> ゴール　　　：言い訳をする
> 活動の種類　：クラス全体［ロールプレイ］
> 用意するもの：絵シート（拡大1枚）、ロールカード（1セット）

手　順

1. 絵シートは拡大し、黒板に貼る。ロールカードは切り離して1セット用意する。
2. 子供の頃、親にどんな小言を言われたか、学習者に言わせながら、日本では「いつ〜をするんですか」という言い方もあることを紹介する。
3. 学習者の中から「親」役と「子供」役を決め、それぞれにロールカードを渡す。
4. 親は「いつ(何時に)〜をするんですか」の形で小言を言う。子供は「〜してから、〜します」の形で言い訳をする。同じ言い訳は一度しか使えない。

> 例　T（親役）　：いつ宿題をするんですか！
> 　　A（子供役）：このテレビを見てからします。
> 　　T　　　　　：何時に寝るんですか！
> 　　B　　　　　：このマンガを読んでから寝ます。

5. 別の学習者に役割を交代し、同様に行う。

アドバイス

- はじめは、教師が親の役になるとよい。
- 親の小言は、進度に合わせて適宜表現を変更のこと。たとえば、命令形「〜なさい」が既習なら「早く宿題しなさい」「早く寝なさい」など。
- 妻が夫に(夫が妻に)、上司が部下に小言を言うという場面にしてもよい。
- 「〜たら」の練習にも使える。
    - 例：このテレビを見たら、宿題をします。

語　句

寝る、起きる、食べる、宿題をする、勉強する、学校へ行く、塾へ行く、家に帰る、そうじする、片づける、歯を磨く、マンガを読む、テレビを見る、ゲームをする、お風呂に入る、など

▶絵シート

▶ロールカード

～てください（1）　　指 示

クラス

文型	：窓を閉め<u>てください</u>。
ゴール	：指示をする、指示を理解して行動する。
活動の種類	：クラス全体　［ゲーム（指示と行動）］
用意するもの	：特になし

手 順

活動Ⅰ
1. 教室にスペースがあれば、みんなで輪になって立つ。そうでない場合、着席のままでもよい。
2. 学習者は教師の与えられた指示通りに行動する。
3. 慣れてきたら学習者が交代で指示を与える。

> 例： みなさん座ってください。立ってください。右手を挙げてください。
> 　　　左足を挙げてください。男の人は座ってください。女の人も座ってください。

活動Ⅱ
1. クラスをグループに分けてそれぞれ一列に並んでもらう。
2. 先頭の人たちを呼んで、教師から指示を1つ小声で伝える。
3. それぞれの列に戻って小声でうしろに伝えていく。
4. 一番後ろの人は与えられた指示通りに行動する。正しく、かつ早くできたグループの勝ち。

> 例： 黒板に自分の名前を書いてください。
> 　　　右から3番目の窓を開けてください。
> 　　　左手を挙げて「こんにちは」と言ってください。
> 　　　教室の後ろのドアから外に出て、前のドアからまた入ってください。など

アドバイス

- 指示をだんだん複雑にしていくと盛り上がる。
- 活動Ⅰでは「～ないでください」も入れると指示の幅が広がる。
  　例：右手を挙げてください。右手をさげないでください。

語 句

立つ、座る、手を挙げる／さげる、窓／ドアを開ける／閉める、電気をつける／消す、寝る、起きる、黒板に字を書く、黒板の字を読む、歌を歌う、ダンスをする、など

付録 7 日本地図

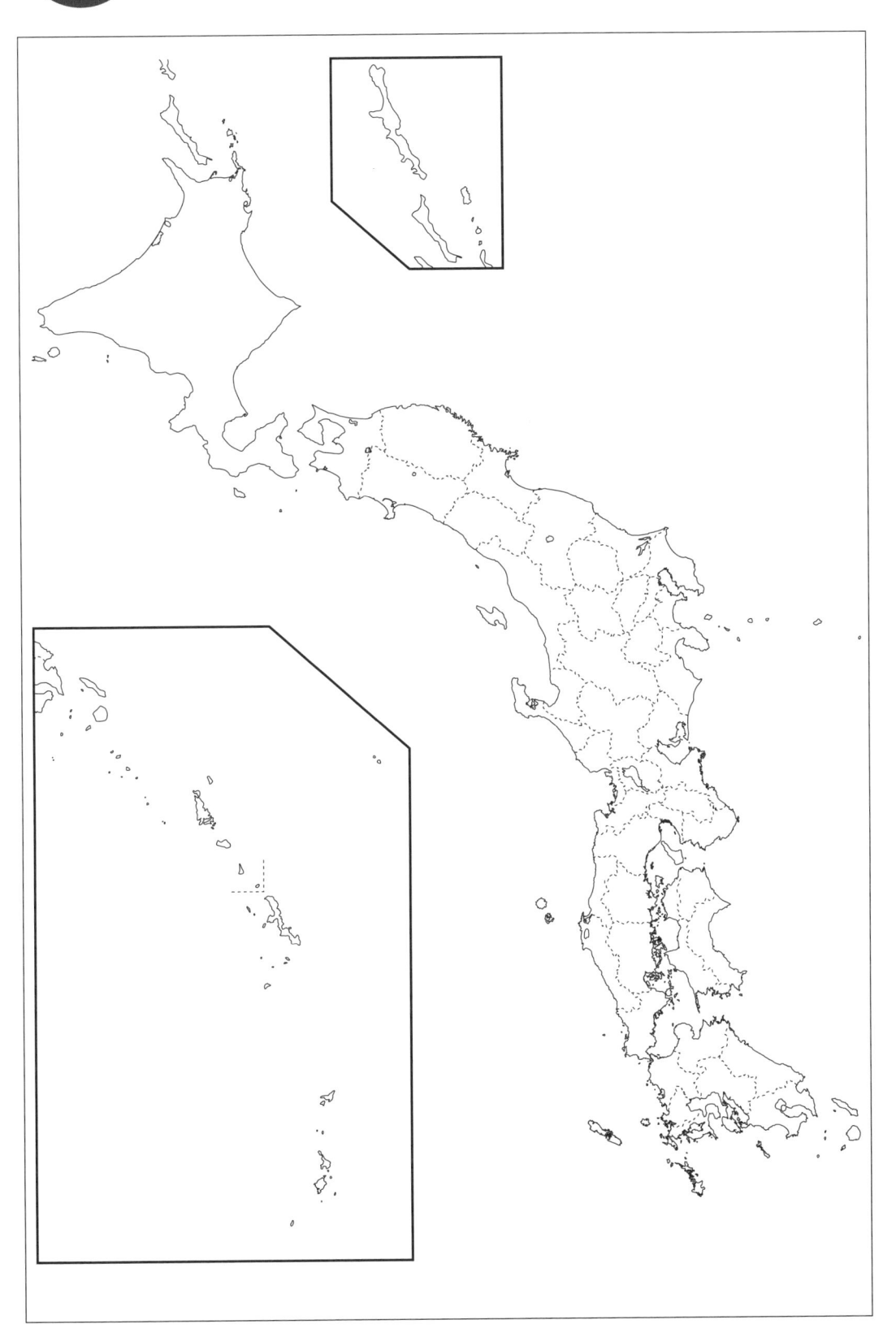

～てください（2）　　指 示

文型	：次の角を右に曲がって<u>ください</u>。
ゴール	：タクシーで運転手に指示をする
活動の種類	：クラス全体［ロールプレイ］
用意するもの	：絵シート（拡大1枚）、ミニカー（消しゴムなどでもよい）

手 順

1. 絵シートに郵便局や図書館など目印になる建物を書き入れておく。
2. 絵シートを拡大して黒板に貼るか、テーブルの上に広げる。
3. 教師がタクシーの運転手の役に、学習者が乗客の役になる。
4. 学習者に行先を書いたくじを引かせるなどして、行先を決めておく。
5. ミニカーをスタート地点に置く。学習者（客）は教師（運転手）に「右に曲がってください」「そこで止めてください」など指示を出す。
6. 教師は言われたとおりにミニカーを走らせるが、指示が遅れたり、言えなかったりしたら、無視してそのまま走り続ける。学習者は、「Uターンしてください」など別の指示を出して、目的地に着くまで続けなければならない。

アドバイス

- 慣れてきたら、学習者に運転手役をさせてもよい。
- ミニカーは止めずに一定の早さで走り続けたほうが、臨場感があって盛り上がる。
- 運転手に番地を告げるだけで目的地に到着できる国もあるので、日本のシステム（有名な場所や公共性の高い場所以外は、客が運転手に道案内をしなければならないこと）についてあらかじめ説明しておくとよい。

語 句

曲がる、止める、まっすぐ行く、Uターンする、右、左、次の角、2番目の信号、駅の手前、銀行の先、など

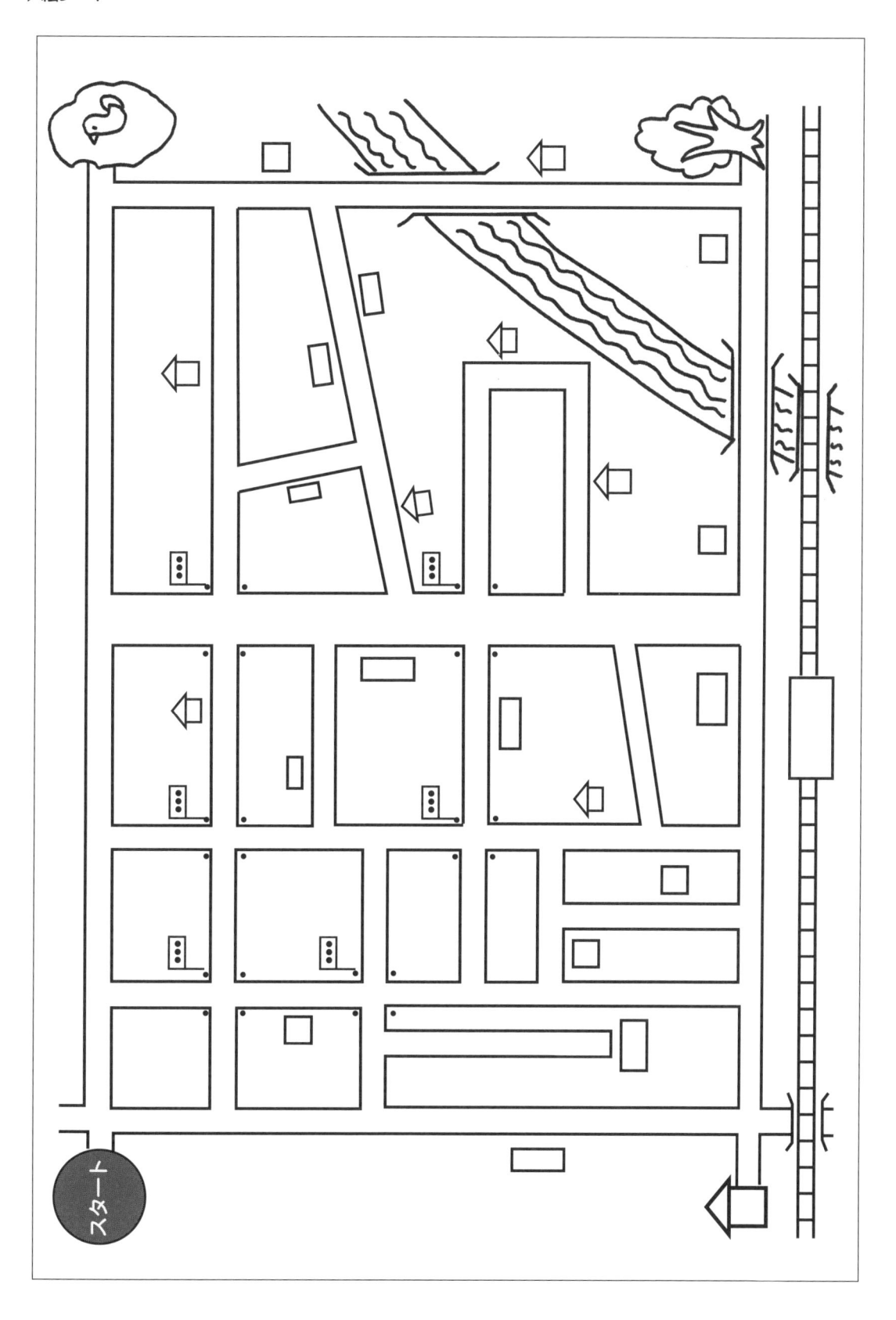

▶絵シート

～てくださいませんか　依頼　クラス

文型	：写真を撮ってくださいませんか。
ゴール	：写真撮影を上手に依頼する
活動の種類	：クラス全体［ロールプレイ］
用意するもの	：絵シート（拡大1枚）、カメラ

手順

1. 絵シートを拡大して黒板に貼る。
2. 絵シートを見せながら、学習者に例にあるような会話を導入する。
3. 学習者にカメラを渡して、互いに頼んだり頼まれたりする。

> 例　A：すみません。写真を撮ってくださいませんか？
> 　　B：ええ、いいですよ。
> 　　A：おねがいします。ここを押すだけです。
> 　　B：はい。いいですか？　とりますよ。はい、チーズ。
> 　　A：どうもありがとうございました。

アドバイス

- 研修旅行などにでかける直前にやっておくと、すぐに実践のチャンスがあって効果的である。
- カメラを持って戸外へ出て、撮影し合っても楽しい。カメラマンとモデルのつもりになって、「そこに立ってくださいませんか」などと丁寧な指示をしたりもできる。
- 次のような表現も関連して導入可能である。
    「おねがいします」「すみません、撮りましょうか？」「ここを押すだけです」
    「もう1枚いいですか？」「いっしょに（お願いします・入りませんか）」
- 撮るときのかけ声「はい、チーズ」の文化による違いなども話題になる。

語句

写真、ボタン、フラッシュ、撮る、押す

▶絵シート

～てくる

クラス

文型	：時計を2つ、借り<u>てきて</u>ください。／借り<u>てき</u>ました。
ゴール	：指示されたものを早く借りてくる
活動の種類	：クラス全体　［ゲーム（借り物競走）］
用意するもの	：タスクカード（1セット）

手順

1. タスクカードを切り離し、1セット用意する。
2. 学習者をペアにし、2組のペアに前に出てきてもらう。ほかの学習者は見ている。
3. 教師はそれぞれのペアの学習者Aに、違う内容のタスクカードを1枚ずつ渡す。
4. 「用意ドン」で、AはBに指示の内容を口頭で伝える。
5. Bはその指示どおりのものを、見ている学習者から借りてくる。

例　教師がタスクカード（日本語の辞書1冊と、時計2つ）を渡す
　　T：用意ドン！
　　A：Bさん、日本語の辞書1冊と、時計を2つ借りてきてください。
　　B：はい。

　　B：Cさん、日本語の辞書と、時計を貸して下さい。
　　C：はい、どうぞ。
　　B：どうも。Dさん、時計を貸して下さい。
　　D：はい、どうぞ。
　　B：どうもありがとうございます。

　　B：Aさん、日本語の辞書1冊と、時計を2つ借りてきました。

---

6. 先に借りてきた方に1点与える。
7. 役割を交代してもう一度行い、得点の多かったペアの勝ちとする。
8. 終了したら別のペアを選び、同様に行う。

アドバイス

- はじめに教師が一連の流れを行ってみせるとよい。
- クラスが大きい場合は、3組のペアに競争させるなど、前に出るペア数を調整するとよい。
- タスクカードは、学習者の数や持ち物によって工夫するとよい。

語句

日本語の辞書、時計、ボールペン、ノート、はさみ、教科書、けしゴム、かばん、クリップ、えんぴつ、ペンケース、めがねケース、キーホルダー、ぼうし、赤、青、黒

▶ タスクカード

日本語の辞書（にほんごのじしょ）	1冊（さつ）	赤いボールペン（あか）	3本（ぼん）
時計（とけい）	2つ	青いボールペン（あお）	2本（ほん）

ノート	3冊（さつ）	教科書（きょうかしょ）	2冊（さつ）
はさみ	1つ	けしゴム	3つ

黒いかばん（くろ）	2つ	時計（とけい）	2つ
クリップ	1つ	えんぴつ	4本（ほん）

ペンケース	1つ	キーホルダー	2つ
めがねケース	2つ	ぼうし	1つ

～てしまう

文型	：タオルを汚してしまいました。
ゴール	：失敗を謝罪する
活動の種類	：ペア［ロールプレイ］
用意するもの	：状況カード、絵カード（ペア数分）

手 順

1. 状況カードをペア数分用意し、切り離す。また絵カードもペア数分用意し、作り方説明図（p.139）に従って作成する。
2. 学習者をペアにして、状況カードと絵カードを1セットずつ配る。
3. 例を示すため、1組のペアに前に出てきてもらう。
4. 借り手役(A)と貸し手役(B)を決め、Aに状況カード①、Bに絵カード①を表面を上にして渡す。
5. Aは状況カードに従ってBに依頼する。Bは絵カードを表にしてAに貸す（渡す）。
6. Aはカードを裏返しにして、Bに返しながら謝罪する。

> 例 A：旅行に行くので、カメラを貸してもらえませんか。
>   B：どうぞ。（カメラのカードを表を上にして渡す）
>   A：どうもありがとう。
>   A：（カードを裏返す、壊れたカメラの絵）
>   すみません、カメラを壊してしまいました。
>   B：えー。
>   A：本当にごめんなさい。

7. ひととおり終わったら、役割を交代してもう一度行う。
8. 活動に慣れたら、それぞれのペアで同様に練習する。

アドバイス

- 状況カードは学習者の母語で与えてもよい。また、人から借りた物を壊した場合、どのように謝罪するか、また壊された場合どのように反応するかなど、前もって話し合っておくとよい。
- 自動詞、他動詞のどちらを用いるかにより、ニュアンスが変わってくるので、ここでは他動詞に限った方がよい。
- 「～んです」が既習の場合は、それを用いて謝罪させるとより自然になる。
  例：タオルを汚してしまったんです。
- この活動は、「～て（原因）」や事情説明、謝罪の仕方の練習にも使える。その場合は、「地面に落としてタオルをよごしてしまいました」のように理由を加えるよう指示する。

語 句

状況カード：カメラ、旅行、こわす、タオル、キャンプ、借りる、忘れる、汚す、車、引っ越し、ジュース、のどがかわく、こぼす、コップ、お水、割る、本、レポート、書く
絵カード：カメラを壊す、タオルをよごす、車をぶつける、ジュースをこぼす、コップを割る、本をなくす

▶状況カード

① カメラ	旅行(りょこう)に行(い)くので、カメラを借(か)りたいです。 ↓ こわしてしまいました。
② タオル	キャンプをしています。タオルを忘(わす)れたので借(か)りたいです。 ↓ 汚(よご)してしまいました。
③ 車(くるま)	引(ひ)っ越(こ)しするので車(くるま)を借(か)りたいです。 ↓ ぶつけてしまいました。
④ ジュース	のどがかわいたので、ジュースをもらいたいです。 ↓ こぼしてしまいました。
⑤ コップ	のどがかわいたので、お水(みず)をもらいたいです。 ↓ わってしまいました。
⑥ 本(ほん)	レポートを書(か)くので、本(ほん)を借(か)りたいです。 ↓ なくしてしまいました。

▶絵カード

①

②

③

④

⑤

⑥

【作り方説明図】

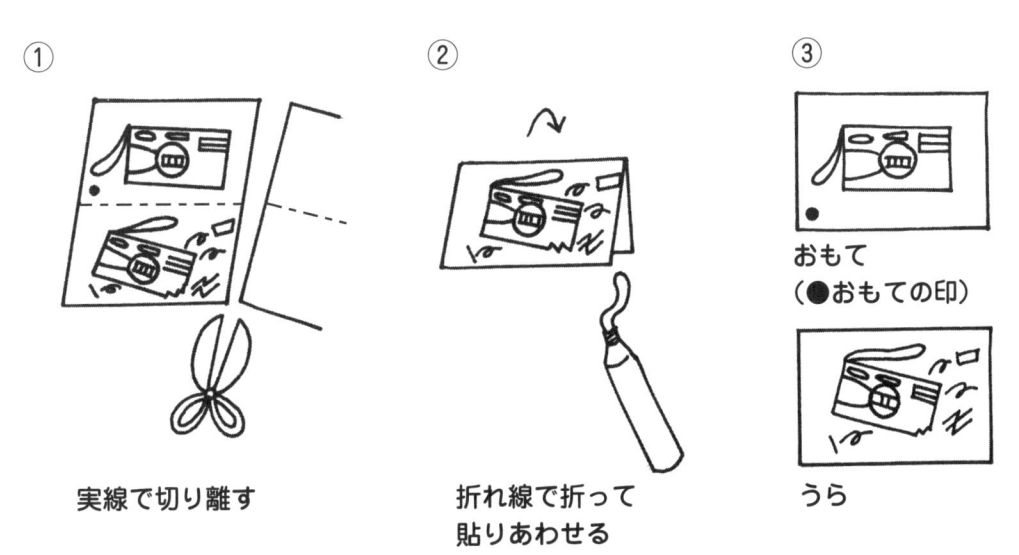

① 実線で切り離す

② 折れ線で折って貼りあわせる

③ おもて
（●おもての印）

うら

〜てみる

ペア

文型	：このいすに座っ<u>てみて</u>もいいですか。／どうぞ、座っ<u>てみてください</u>。
ゴール	：許可を求める、勧める
活動の種類	：ペア［ロールプレイ］
用意するもの	：絵シート（ペア数分）

手順

1. 絵シートをペア数分用意する。
2. 絵シート（家具屋）を見ながら、語彙を確認する。
3. 学習者をペアにし、絵シートを各ペアに1枚ずつ配り、「店員」役と「客」役を決める。
4. 客役は「〜てみてもいいですか」を用いて、店内の家具をいろいろ試してみる。店員役は「〜てみてください」を用いて、客に試してみるように勧める。

> 例 店員：いらっしゃいませ。
> 　　客　：ソファが欲しいんですが。
> 　　店員：こちらはいかがですか。
> 　　客　：ちょっと座ってみてもいいですか。
> 　　店員：はい。どうぞ座ってみて下さい。
> 　　客　：（座る）ああ、やわらかいですねえ。このスタンドもすてきですね。つけてみてもいいですか。
> 　　店員：はい、つけてみてください。

5. 役割を交代し、電気屋についても同様に行う。

アドバイス

- はじめに、教師が客になってモデルを示すとよい。
- 余裕があれば、値段を聞き、値引き交渉をして買うところまでやる。
- 絵シートではなく、家具屋や電気屋のチラシやカタログの写真の切り抜きを画用紙に貼ったものも使える。教室にあるいす、机、戸棚、テレビ、ラジカセなども利用できる。

語句

家具屋：ソファ／いすに座る、つくえ／テーブルに触る、スタンドをつける、スイッチを入れる、戸棚（扉／引き出し／ブラインド）を開ける、ベッドに寝る／横になる、カーテンに触る、など

電気屋：テレビ／クーラー／ヒーター／掃除機をつける、ラジカセを聞く、冷蔵庫のドア／洗濯機のふたを開ける、コンピュータを使う、携帯電話／コンピュータ／デジカメ／電子辞書を触る（試す）、など

▶絵シート

家具屋
かぐや

電気屋
でんきや

～ても

クラス

文型	：よく寝ても、疲れがとれない。
ゴール	：ストレス度をチェックする
活動の種類	：クラス全体［アンケート（ストレス度チェック）］
用意するもの	：タスクシート（人数分）

手順

1. タスクシートを人数分用意し、各自に1枚ずつ配る。
2. 学習者は、タスクシートの文を読み、当てはまるものにものに〇を入れる。
3. チェックの数を数え、診断コメントを読む。
4. クラス全体で、診断結果やストレス解消法について話し合う。

アドバイス

- 自己チェックをした後、次のようなペアワークができる。1人が患者、もう1人が医者またはカウンセラーとなり、健康相談をする。医者（またはカウンセラー）はアドバイスをする。
    - 例 A：最近、よく寝ても疲れがとれないんです。何をしても楽しくないし…。どうしたらいいんでしょう。
    - B：そうですか。仕事は忙しいですか。
    - A：ええ、とても。
    - B：少し減らしてもらって、休んだほうがいいと思いますよ。

- 個人作業ではなく、ペアにしてお互い聞きあうようにしてもよい。1人が文を読み、もう1人は「はい」か「いいえ」で答える。
    - 例 A：よく寝ても、疲れがとれない。
    - B：はい。

語句

ストレス、食欲、運動する、楽しめる、趣味、夢、疲れ、小さなこと、イライラする、風邪をひく、なかなか治らない／眠れない、ふとん（に入る）、汗をかく、簡単なこと、まちがえる、一日が終わる、充実感、合計、診断、コメント、健康

▶タスクシート

ストレス度チェック

最近一か月、どうですか？

1. あまり食欲がない。 _____

2. あまり運動しない。 _____

3. 楽しめる趣味がない。 _____

4. たくさん夢を見る。 _____

5. よく寝ても、疲れがとれない。 _____

6. 何をしても、楽しくない。 _____

7. 小さなことでも、イライラする。 _____

8. 風邪をひくと、なかなか治らない。 _____

9. ふとんに入っても、なかなか眠れない。 _____

10. 暑くないときでも、汗をかく。 _____

11. 簡単なことでも、よくまちがえる。 _____

12. 一日が終わっても、充実感がない。 _____

合計 _____

診断コメント

○ はいくつ？

0～3 … とても健康です。
4～8 … 健康に気をつけましょう。
9～12 … ストレスが多く、疲れています。ゆっくり休んでください。

〜てもいい（1）

```
文型        ：テレビを見てもいいですか。
ゴール      ：部屋にあるものを使う許可を求める
活動の種類  ：ペア ［Q＆A］
用意するもの：タスクシートＡ・Ｂ（ペア数分）
```

手 順

1. タスクシートをペア数分用意し、切り離す。
2. 学習者をペアにして、一方にタスクシートＡを、もう一方にＢを配る。
3. まず、ＡがＢの部屋を一日借りるという設定にする。Ａは、Ｂの部屋（タスクシートＢ）を見ながら部屋にあるものを使う許可を求める。
4. Ｂは、その許可の内容を聞き、適宜許可する。

> 例 Ａ：Ｂさん、テレビを見てもいいですか。
>   Ｂ：ええ、いいですよ。
>   Ａ：手紙を読んでもいいですか。
>   Ｂ：うーん、それはちょっと。

4. 役割を交代し、今度はＢがＡの部屋を一日借りるという設定で、部屋にあるものを使う許可を求め、Ａは適宜許可する。

アドバイス

- 未習の語彙はタスクシートに直接書いておくか、または、タスクシートを配った時点で確認してからはじめると活動がスムーズにいく。
- 許可を求める際に制限時間を決め、お互い、いくつ許可を求めたか競い合ってもよい。
- 活動終了後、ペアごとにどのような許可を求めたか、発表し、比較することもできる。
- この活動のほかに、グループ対抗で次のような活動も出来る。
    1. クラスを２つに分け、教師が旅行に行く間家を借りる人を探すという状況を設定する。
    2. それぞれのグループに交互に許可を求めさせ、どちらかが言えなくなったら終了。
        例 Ａ：庭でバーベキューしてもいいですか。
           Ｔ：それはちょっと…。

語 句

タスクシート

Ａ：冷蔵庫を開ける、カーテンを閉める、炊飯器を使う、ギターをひく、ワインを飲む、バナナを食べる、ベッドで寝る、雑誌を読む、たばこをすう、アルバムを見る、座布団に座る、洋服を借りる、など

Ｂ：エアコンをつける、ドライヤーを使う、電話をかける、ソファーにすわる、本を読む、音楽を聞く、窓を開ける、カーテンを閉める、コーヒーを飲む、ケーキを食べる、ごみを捨てる、テニスをする、など

▶タスクシート

～てもいい(2)

グループ
(5〜8人)

文型　　　　：たばこをすっ<u>てもいい</u>ですか。
ゴール　　　：ルームメイトを探す
活動の種類　：グループ(5〜8人)　[ゲーム（パートナー探し）]
用意するもの：ロールカード（人数分）

手　順

1. ロールカードを切り離して、人数分用意する。ロールカードには4種類のカードが2枚ずつある。学習者が8人ならすべてを、6人なら3種類を2枚ずつ用意する。必ず同じ種類のカードが2枚あるようにする。
2. 学習者を8人以内のグループに分け、1人に1枚ずつカードを配る。ほかの人には見せないように指示する。
3. カードの見方（○はしてもいいこと、×はしてほしくないこと）を説明する。同じ条件のルームメイトを探すように指示する。
4. 学習者は席を立ってグループ内で適当に相手を見つけ、「～てもいいですか」を使って質問をする。

> 例　A：あの、部屋でたばこを吸ってもいいですか。
> 　　B：ええ、どうぞ。ペットを飼ってもいいですか。
> 　　A：いえ、ちょっと…。
> 　　B：そうですか。それじゃ。
> ＜別の相手を見つけて会話をはじめる＞
> 　　A：お酒を飲んでもいいですか。
> 　　C：ええ、どうぞ。ギターをひいてもいいですか。
> 　　A：ええ、もちろん。いっしょに住みませんか？
> 　　C：そうしましょう。

5. すべての条件の合うルームメイトが見つかったら、座る。

アドバイス

- 活動前に、家族以外の人と同居したことがあるか、ルームメイトとしてはどういう人が望ましいか、などを話しておくとよい。

語　句

パーティーをする、お酒を飲む、ギターをひく、ペットを飼う、たばこをすう

▶ ロールカード

★	★
○　パーティーをします	○　パーティーをします
○　お酒を飲みます	○　お酒を飲みます
○　ギターをひきます	○　ギターをひきます
×　たばこをすいます	×　たばこをすいます
×　ペットをかいます	×　ペットをかいます

◆	◆
○　パーティーをします	○　パーティーをします
○　ギターをひきます	○　ギターをひきます
○　ペットをかいます	○　ペットをかいます
×　たばこをすいます	×　たばこをすいます
×　お酒を飲みます	×　お酒を飲みます

▲	▲
○　パーティーをします	○　パーティーをします
○　たばこをすいます	○　たばこをすいます
○　お酒を飲みます	○　お酒を飲みます
×　ギターをひきます	×　ギターをひきます
×　ペットをかいます	×　ペットをかいます

■	■
○　パーティーをします	○　パーティーをします
○　ペットをかいます	○　ペットをかいます
×　ギターをひきます	×　ギターをひきます
×　たばこをすいます	×　たばこをすいます
×　お酒を飲みます	×　お酒を飲みます

〜てもいい / てはいけない

クラス

文型	：車を止めてもいいですか。
	いいえ、止めてはいけません。
ゴール	：いろいろな場面でのルールを理解する
	（許可を求める、禁止する）
活動の種類	：クラス全体　［Q＆A］
用意するもの	：絵カード（2セット）、絵シート（拡大1枚）

手順

1. 絵カードは2セット用意し、切り離す。1セット分にはイラストの上に赤いペンなどで大きく×印をつけておく。絵シートは拡大したものを1枚用意する。
2. 教師は×のついた絵カードとついていない絵カードを適宜示しながら、「〜てもいい／〜てはいけない」の文型を練習させる。

> 例　T：写真を撮ってもいいですか？
> 　　A：はい、いいです。
> 　　T：たばこを吸ってもいいですか？
> 　　B：いいえ、いけません。

3. 拡大した絵シートを黒板に貼る。
4. 絵シートの中の人物を指して、その行動がいいかどうか尋ねる。そばで注意をする人がいたり、禁止の看板があれば「〜てはいけない」、なければ「〜てもいい」で答える。
5. 慣れてきたら、学習者同士で行う。

アドバイス

- 応用として、身近な公共施設（図書館、美術館、運動場など）のルールをリストアップしたり、調べたりしてもよい。
- 「〜ないでください」の練習にも使える。

語句

絵カード： 携帯電話をかける／使う、たばこを吸う、飲みものを飲む、自転車に乗る、フラッシュを使う、車をとめる、中に入る、イヌをつれて来る、さわる、走る、写真を撮る、アイスクリームを食べる

絵シート： 芝生に入る、花をとる、ボールで遊ぶ、魚を釣る、テニスをする、池で泳ぐ
自転車に乗る、犬と遊ぶ、たばこを吸う、アイスクリームを食べる

▶絵カード

▶絵シート

149

～と（1）

グループ
（3〜4人）

> 文型　　　　：ボタンをお<u>す</u>と、切符が出ます。
> ゴール　　　：文の前半部分を聞きとって、後半部分を予測する
> 活動の種類　：グループ（3〜4人）［ゲーム（カルタ取り）］
> 用意するもの：カルタ読み札、取り札（1セットまたはグループ数分のセット）

手順

1. カルタを切り離し、読み札と取り札に分ける。
2. 学習者を3〜4人のグループに分け、各グループに取り札1セットずつ配る。
3. グループごとに大きい机を囲むように座り、取り札を広げる。
4. 教師が読み札を読み、学習者はそれに合った取り札を取る。取り札を取った学習者は、前半部分（読み札）に続く後半部分（取り札）を考え、完成させた文を言う。

> 例　T：ボタンを押すと、
> 　　A：はい（取り札をとる）。ボタンを押すと、切符が出ます。
> 　　T：水をやると、
> 　　A：はい（取り札をとる）。水をやると、花が咲きます。

5. 取り札が全部なくなったら終わり。たくさん取れた人の勝ち。

アドバイス

- 読み札の束を裏返して机中央におき、学習者が順にめくって読むことにしてもいい。その場合、絵を見てうまく文が浮かばないときには、絵を皆に見せて、前半部分を考える。
- 個人あるいは2、3人で、読み札も取り札も全部広げて、その中からペアになるものを探して文を作るゲームもできる。

語句

① ボタンを押すと、切符が出ます
② 水をやると、花が咲きます／大きくなります
③ 暗いところで本を読むと、目が悪くなります
④ 窓を開けると、うるさくなります
⑤ お酒を飲むと、顔が赤くなります／酔っぱらいます
⑥ 山に登ると、富士山が見えます
⑦ ひもを引くと、電気がつきます
⑧ 前に立つと、ドアが開きます
⑨ 運動をすると、のどがかわきます
⑩ スイッチを入れる／押すと、テレビがつきます

▶カルタ

読み札	取り札	読み札	取り札
①		②	
③		④	
⑤		⑥	
⑦		⑧	
⑨		⑩	

～と (2)

クラス

文型　　　　：夜遅く寝ると、朝起きられません。
ゴール　　　：しりとりを続ける
活動の種類　：クラス全体　［文作り］
用意するもの：特になし

手　順

1. 教師が話のはじめの句を出す。

> はじめの句の例：日本語を勉強すると、雨が降ると、春(夏／秋／冬)になると、
> 　　　　　　　スポーツをすると、お酒をたくさん飲むと、など

2. 学習者がその続きを考える。
3. 同様に続けて、続きが考えられなくなったら終わり。続けられなくなった人からまた新しい話を作りはじめる。

> 例　T：夜遅く寝ます。夜遅く寝ると、どうなりますか。
> 　　A：夜遅く寝ると、朝起きられません。
> 　　B：朝起きられないと、朝ごはんが食べられません。
> 　　C：朝ごはんが食べられないと、授業中お腹が空きます。
> 　　D：授業中お腹が空くと、… もうできません。
> 　　----------
> 　　D：学校へ行きます。
> 　　E：学校へ行くと、友達に会います。
> 　　F：友達に会うと、おしゃべりをします。

アドバイス

・条件に基づく変化を表す文型なので、文の後半に状態文や習慣的動作などが入ると、おかしな文になってしまうので、気をつける必要がある。
　　例：(誤)たくさん寝ると元気です。

語　句

寝る、起きる、食べる、お腹が空く、行く、会う、おしゃべりをする、など

〜という

クラス

文型　　　　：学生に勉強を教える人をなん**という**いますか。
ゴール　　　：言葉の意味の説明を聞きとって答える
活動の種類　：クラス全体［クイズ］
用意するもの：場所・もの・職業の絵カード（p.43, p.95, p.109）

手 順

1. 絵カード（場所 p.43・もの p.95・職業 p.109）を適宜用意する。
2. 絵カードを見せながら教師がクイズを出し、学習者は答えを当てる。

> 例　T：本を借りるところを何といいますか。
> 　　A：図書館といいます。

3. 慣れてきたら、学習者にそれぞれ絵カードをあたえて、そのクイズを考えさせる。
4. クイズの問題ができたら、お互いにを出し合って、答えを当てる。

> 例　A：外国から来て勉強する人を何といいますか。
> 　　B：留学生といいます。

アドバイス

- 連体修飾が既習である必要がある。「本を借りるところはどこですか」「図書館です」のように連体修飾の練習にも使える。
- 問題文の内容は学習者のレベルに合わせて調節する。「人」「ところ」「もの・道具」のような具体的なものがやりやすい。
- 中級レベルになれば「〜というのは〜のこと／ということです」の形で、より抽象的な語の意味を説明する練習ができる。
　　例：留学というのは外国に行って勉強する（という）ことです。
- 個人やグループ対抗で得点を競わせることもできる。

語 句

クイズの例

バスを待つところ…バス停
ご飯を作るところ…台所
病気を治すところ…病院
お金を借りる（替える）ところ…銀行
本を借りるところ…図書館
紙を切る道具…はさみ
字を消す道具…けしゴム

勉強を教える人…先生
外国で勉強する学生…留学生
ご飯を作ること…料理

抽象度の高い例

会社の仕事で旅行に行くこと…出張
部屋をきれいにすること…そうじ
外国に勉強しに行くこと…留学

～と思う

クラス

文型	：ドライブ<u>だと思います</u>。
ゴール	：日本人がよく行うレジャーの順位を予想する
活動の種類	：クラス全体　[自由発言]
用意するもの	：タスクシート（人数分）

手　順

1. タスクシートを人数分用意して、各自に1枚ずつ配る。
2. 学習者はそれぞれ順位を予想して書き込む。
3. 順位ごとに学習者に発表させる。できれば理由も言ってもらう。
4. 教師から実際の順位を発表する。

> 例　T：1番は何だと思いますか。
> 　　A：私はドライブだと思います。
> 　　B：旅行だと思います。観光地には、いつも日本人がいますから。
> 　　T：1番は外食です。

アドバイス

- 1～10位すべてを考える時間がない場合は、下の表を参考にして教師が一部記入しておくとよい。
- タスク前の活動として、各学習者の国ではどんなレジャーが人気があるかを話してもらい、その過程で関連語彙を導入すると進めやすい。
- グループ活動にもできる。グループで話し合い、予想順位を決める。そして、グループの意見を発表する。
- 「人気レジャー」のほか、「大学に行く理由」「日本人の死因」など、ほかのデータも使える。『朝日データ年鑑　ジャパンアルマナック』（朝日新聞社）などを参考に。

語　句

レジャー、楽しむ、ドライブ、外食、宝くじ、映画、国内旅行、動物園、植物園、水族館、博物館、音楽鑑賞、パソコン、カラオケ、ビデオ鑑賞

2006年のデータでは、順位は次の通り

順位	レジャー
3	ドライブ
1	外食
6	宝くじ
8	映画
2	国内旅行
10	動物園、植物園、水族館、博物館
9	音楽鑑賞
7	パソコン
4	カラオケ
5	ビデオ鑑賞

出展『レジャー白書2006』（財）社会経済生産性本部余暇創研

▶タスクシート

日本人はどんなレジャーを楽しんでいるでしょうか。
順番を考えて番号を入れてください。

順番	レジャー
	ドライブ
	外食
	宝くじ
	映画
	国内旅行
	動物園、植物園、水族館、博物館
	音楽鑑賞
	パソコン
	カラオケ
	ビデオ鑑賞

～とき

クラス

文型	: ご飯を食べる<u>とき</u>「いただきます」と言います。
ゴール	: あいさつなどの言い回しの使い方を知る
活動の種類	: クラス全体［クイズ］
用意するもの	: 絵カード（拡大1セット）

手　順

1. 絵カードを拡大して切り離し、1セット用意する。
2. 絵カードを見せながら口頭で質問して、学習者に答えてもらう。

> 例　T：ご飯を食べるとき、なんといいますか。
> 　　A：「いただきます」と言います。

3. 慣れてきたら、質問も学習者に言ってもらう。
4. ひととおりのあいさつ言葉が導入されたら、発展として問題のパターンを逆にする。

> 例　T：いつ「いただきます」といいますか。
> 　　A：ご飯を食べるとき、（「いただきます」と）いいます。

アドバイス

- 答えが出たら、その場面を想定した簡単なロールプレイを行ってもよい。
- 学習者に、ふだん疑問に思っている慣用表現がないか、質問を募ってもよい。

語　句

質問例

ご飯を食べるとき	「いただきます」
ご飯を食べたとき	「ごちそうさまでした」
人に会ったとき	「朝：おはようございます、昼：こんにちは、夜：こんばんは」
	（時間は口頭で添えるか、コピーして太陽や月の絵を書き加えるといい）
人と別れるとき	「さようなら／じゃ／また／失礼します」
外に出かけるとき	「出かける人：いってきます、家にいる人：いってらっしゃい」
家に帰ったとき	「帰ってきた人：ただいま、家にいた人：お帰りなさい」
電話で話すとき	「もしもし」
悪いことをしたとき	「すみませんでした／ごめんなさい」
友達が結婚するとき	「おめでとうございます」
病気やけがの人に会ったとき	「お大事に」
仕事が終わったとき	「おつかれさまでした」
夜寝るとき	「おやすみなさい」

▶絵カード

～ところだ / ているところだ

クラス

> 文型　　　　：今、報告書を書い<u>ているところです</u>。
> ゴール　　　：言い訳をする
> 活動の種類　：クラス全体　［ロールプレイ］
> 用意するもの：特になし

手　順

1. 教師が会社の「上司」役、学習者が「部下」役になる。
2. 上司の小言に対し、部下は「今、～ているところです」か、「今から～するところです」のどちらかを使って答える。

> 例　T：(強い調子で)あの報告書はできましたか。
> 　　A：今、書いているところです。(書いているふりを急いでする)
> 　　T：もう、資料を読みましたか。
> 　　B：今、読んでいるところです。(読んでいるふりを急いでする)
> 　　T：A社のBさんに電話をかけましたか。
> 　　C：すみません。今からかけるところです。(かけているふりを急いでする)

アドバイス

- はじめる前に、会社ではどんなことが行われているか学習者に考えさせ、イメージをふくらませておくとよい(語句参照)。
- 学習者のレベルによっては「～ところだ」「～ているところだ」の練習を別々に行った方がよい。
- ペア活動にしてもよい。
- 「今から～ところだ」の場合、前に「すみません」をつけるとより自然になる。
    > 例　T：あの報告書はできましたか。
    > 　　A：すみません。今から書くところです。(書くふりを急いでする)

語　句

報告書／レポート／書類を書く、資料／手紙／メールを読む、電話をかける／する、表／書類／契約書を作る、留守電／メッセージを聞く、ファックスを送る、資料を調べる、お茶をいれる、など

付録 8 食べ物・飲み物カード

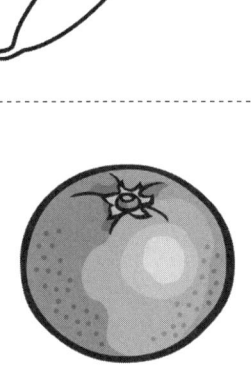

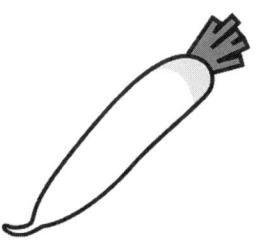

〜と読む / て読む

ペア

> 文型　　　　：この漢字はなん<u>と</u>読むんですか / なん<u>て</u>読むんですか。
> ゴール　　　：分からない漢字の読み方や意味を聞く。
> 活動の種類　：ペア［Q & A］
> 用意するもの：タスクシート A・B（ペア数分）

手 順

1. タスクシートをペア数分用意し、切り離す。
2. 学習者をペアにして、一方にタスクシート A を、もう一方に B を配る。
3. 漢字の読み方と意味をお互いに尋ね合って、空欄を埋める。

> 例　A：4番目のこの漢字はなんと読むんですか。
> 　　B：「ひじょうぐち」と読みます。（シートに書き込む）
> 　　A：「ひじょうぐち」ですか。どんな意味ですか？
> 　　B：「emergency exit」です。
> 　　A：「emergency exit」ですね。ありがとうございました。（シートに書き込む）

4. クラス全体で答えの確認をする。

アドバイス

- 漢字圏の学生ばかりなら、読み方だけを尋ね合うか、カタカナ語をとりあげて、意味を尋ねる練習をする。
- 英語圏以外の学習者の場合、英語の部分を学習者に分かる言語に置き換えておく必要がある。
- 宿題として、周囲の日本人に聞いて完成させてもよい。
- 日常生活の中で読み方や意味を知りたい語句をあらかじめ集めてきてもらって、クラス全体で解決していってもよい。

語 句

営業中、準備中、工事中、非常口、危険、頭上注意、化粧室、故障中、立入禁止、駐車禁止

▶タスクシート

A

1. 営業中 — えいぎょうちゅう / open
2. 準備中 — ( )
3. 工事中 — こうじちゅう / under construction
4. 非常口 — ( )
5. 危険 — きけん / danger
6. 頭上注意 — ( )
7. 化粧室 — けしょうしつ / toilet/powder room
8. 故障中 — ( )
9. 立入禁止 — たちいりきんし / keep out
10. 駐車禁止 — ( )

B

1. 営業中 — ( )
2. 準備中 — じゅんびちゅう / closed
3. 工事中 — ( )
4. 非常口 — ひじょうぐち / emergency exit
5. 危険 — ( )
6. 頭上注意 — ずじょうちゅうい / mind your head
7. 化粧室 — ( )
8. 故障中 — こしょうちゅう / out of order
9. 立入禁止 — ( )
10. 駐車禁止 — ちゅうしゃきんし / no parking

〜ないでください

グループ(3〜4人)

文型　　　　：ここで写真を撮らないでください。
ゴール　　　：公共の場での禁止事項を考える
活動の種類　：グループ(3〜4人)［文作り］
用意するもの：絵シート(拡大1枚)

手　順

1. 絵シートを拡大して黒板に貼り、美術館の人(黒い服の人)が何と言っているか、全員で話し合う。

> 例 絵に触らないでください。
> 　　たばこを吸わないでください。

2. 学習者をグループ(3〜4人程度)に分ける。
3. グループで話し合い、美術館の中で禁止されている行動を「〜ないでください」の文を使ってできるだけたくさん考える。絵シートにないもの(例：携帯電話など)を使った文も考える。
4. グループごとに発表する。一番たくさん考えたグループが勝ち。

> 例　Aグループ：写真を撮らないでください。
> 　　Bグループ：携帯電話を使わないでください。
> 　　Cグループ：大きい声で話さないでください。

アドバイス

- はじめに、美術館の話をしながら、語彙を確認しておく。
- ペアで会話練習をしてもよい。ペアの一方が、学芸員(美術館の人)になって、マナーの悪い来館者を注意する。
    例　学芸員：あの、すみませんが、ここで寝ないでください。
    　　来客者：ああ、すみません。
- 「〜てもいい／てはいけない」の練習にも使える。
    例：ここでたばこを吸ってもいいです／吸ってはいけません。
- 応用として、身近な公共施設(美術館、公園、病院、学校、図書館、駅、劇場、電車／バスの車内、公民館、博物館、スポーツ施設、寺院／教会など)でのルールを調べて発表するタスクをしてもよい。

語　句

写真(ビデオ)を撮る、たばこを吸う、騒ぐ、大きい声を出す、大きい声で話す、携帯電話を使う、食べる、飲む、ゴミを捨てる、押す、走る、座る、絵に触る、壊す、持っていく、寝る、イヌを連れて入る、など

▶絵シート

～ながら（1）

ペア

文型　　　　　：テレビを見ながらご飯を食べますか。
ゴール　　　　：相手の習慣を知る
活動の種類　：ペア［Q＆A］
用意するもの：タスクシート（人数分）

手 順

1. タスクシートを人数分用意する。
2. 学習者をペアにして、タスクシートを各自に1枚ずつ配る。
3. 学習者はお互い、「～ながら」の文を使ってパートナーに質問し、することには○、しないことには×を記入する。

例　A：テレビを見ながらご飯を食べますか。
　　B：いいえ。Aさんはテレビを見ながらご飯を食べますか。
　　A：はい、ときどき見ながら食べます。

アドバイス

- 文型導入後の口慣らし練習に適している。
- 「～ながら～ますか」ではなく、「～ながら～するのはいいと思いますか」という質問にしてもよい。
- ジェスチャーゲームをしてもよい。1人の学習者が絵カードで示されたジェスチャーをし、ほかの学習者はその人が何をしているのかを当てる。

語 句

歩く、アイスクリームを食べる、コーヒーを飲む、新聞を読む、電話する、運転する、テレビを見る、ご飯を食べる、音楽を聞く、勉強する、歌う、料理をする

▶タスクシート

～ながら（2）

ペア

文型 ：テレビを見ながら朝ごはんを食べますか。
ゴール ：相手の食事の習慣を知る
活動の種類 ：ペア［アンケート（朝ごはんアンケート）］
用意するもの：タスクシート（人数分）

手順

1. タスクシートを人数分用意する。
2. 学習者をペアにして、タスクシートを各自に1枚ずつ配る。語彙を確認する。
3. 学習者は、タスクシートにそって相手に質問をし、答えを記入する。

例　A：Bさんは、毎日朝ごはんを食べますか。
　　B：はい、毎日食べます。
　　A：だれと朝ごはんを食べますか。
　　B：家族といっしょに食べます。
　　A：家族と話しながら食べますか。
　　B：はい、いろいろ話しながら食べます。
　　A：テレビを見ながら食べますか。
　　B：いいえ。テレビは見ません。
　　A：新聞を読みながら食べますか。
　　B：いいえ。父はときどき、読みながら食べます。

アドバイス

- タスクの前に「朝ごはん」を話題にし、雰囲気作りする。
- 日本では、1人でテレビを見ながら朝ごはんを食べる子どもが増えているといった社会現象を紹介したり、学習者の国ではどういう食事のしかたが一般的かなどの話題で話し合っておくとよい。
- 学習者や文化背景によっては、朝食以外の食事に話題を変えたほうがよいこともある。
- タスク後、質問ごとにクラス全員の答えを集計し、発表するという活動を行ってもよい。

語句

朝ごはん、毎日、食べる、ときどき、あまり～ない、何時、ひとり、家族、話す、テレビを見る、新聞を読む、電話をする、勉強する、会議をする

▶タスクシート

朝(あさ)ごはんアンケート

1. 毎日(まいにち)、朝(あさ)ごはんを食(た)べますか。

    a. 毎日(まいにち)食(た)べる
    b. ときどき食(た)べる
    c. あまり食(た)べない
    d. 食(た)べない

2. 何時(なんじ)ごろ、朝(あさ)ごはんを食(た)べますか。

    _____時(じ)ごろ

3. だれと朝(あさ)ごはんを食(た)べますか。

    a. ひとりで
    b. 家族(かぞく)と(_____と)
    c. _____と

4. …ながら、朝(あさ)ごはんを食(た)べますか。

    1) 話(はな)す　　　　　　　はい　　いいえ
    2) テレビを見(み)る　　　　はい　　いいえ
    3) 新聞(しんぶん)を読(よ)む　はい　　いいえ
    4) 電話(でんわ)をする　　　はい　　いいえ
    5) 勉強(べんきょう)する　　はい　　いいえ
    6) 会議(かいぎ)をする　　　はい　　いいえ

〜なければならない / なくてもいい

グループ（5〜7人）

文型	：今晩は勉強<u>しなければなりません</u>。
ゴール	：理由を言って意見を主張する
活動の種類	：グループ（5〜7人）［ディベート］
用意するもの	：特になし

手順

1. クラスを5〜7人程度のグループに分ける。各グループ内で、その中の1人を判定者（ジャッジ）にして、残りの学習者をAとBの2つのグループに分ける（少人数のクラスで1グループのみなら、教師がジャッジになる）。
2. 教師が取り上げる状況を説明して、それぞれのグループ（A・B）の立場を与える。

> 例 T（状況説明）：
> 　　私は太郎です。明日、難しい試験があるので、これからたくさん勉強しなければなりません。試験ができないと、卒業できません。でも、母が、今晩でかけるので病気の祖母の世話をしてほしい、といっています。家にはほかにだれもいません。
> → Aグループの立場 … 太郎さんはお母さんの手伝いをしなければなりません。
> 　　Bグループの立場 … 太郎さんはお母さんの手伝いをしなくてもいいです。
> 　　　　　　　　　　　（勉強をしなければなりません）

3. 内容や学習者の性質に合わせ、数分から10分程度の時間をとり、グループごとに自分たちの立場についてどんな理由で主張すればいいか話し合い、主張をまとめさせる。
4. それぞれのグループが自分たちの主張を順に発表する。
5. どちらのグループの主張が説得力があったか、最後に判定者（ジャッジ）が判定する。

> 例 A：太郎さんはお母さんの手伝いをしなければなりません。なぜなら、お母さんが困るからです。…
> 　　B：太郎さんはお母さんの手伝いをしなくてもいいです。なぜなら、明日のテストのほうが大切だからです。…

アドバイス

- 状況説明は学習者の母語で行ってもよい。あるいは母語で書いたタスクシートを読ませてもよい。
- 状況はどちらもそれなりに正当な主張ができる内容を考える（文化による考え方の違いなども考慮が必要）。
- 各グループが意見をまとめる間、必要に応じてジャッジには、両方の意見を予想したり、語彙を調べたりするような課題を与える。
- 時間がある場合は、AグループとBグループで討論をさせてもよい。
- 理由を表す「～からです」の練習にも使える。

状況例
① 恋人から服をプレゼントされたが趣味が合わない。
　→着なければならない／着なくてもいい
② 恋人がいるのに、違う人からデートに誘われた。
　→デートを断らなければならない／デートをしてもいい
③ 5000円札を拾った。
　→警察に届けなければならない／警察に届けなくてもよい
④ 友達の家で手作りのケーキが出たが、甘いものは好きではない。
　→全部食べなければならない／全部食べなくてもいい
⑤ デートの約束があるのに、急な残業（アルバイト・ゼミの先生の手伝い）を頼まれた。→残業をしなければならない／残業をしなくてもいい

語句

試験、勉強、卒業、病気、祖母、世話、手伝い、など

〜なら

クラス

文型	：パソコンを買うなら、秋葉原がいいですよ。
ゴール	：買い物、観光のアドバイスをする
活動の種類	：クラス全体　[自由発言]
用意するもの	：地図、鉄道路線図、旅行パンフレットなど

手順

1. 地図や路線図などを黒板に貼り、行きたい所や、買いたい物などについて話し合う。
2. まず、教師がしたいことを言い、学習者にアドバイスを求める。
3. ひととおり練習が終わったら、学習者の1人にしたいと思っていることを言わせる。
4. 他の学習者は、どこへ行ったらそれができるかを考えて、アドバイスする。

例 （山手線の路線図を見ながら）
　　A：パソコンを買いたいんですが、どこがいいですか。
　　B：パソコン(を買う)なら、秋葉原がいいですよ。
　　C：私はカメラがほしいです。
　　D：カメラ(がほしい)なら、新宿に安い店がたくさんありますよ。
　　E：私はきれいな桜が見たいです。
　　F：桜(を見る)なら、上野がいいですよ。

アドバイス

- 活発に話をさせるためには、学習者がある程度知っている場所の地図(路線図)を選ぶとよい。
- 学習者を旅行代理店の店員と客に分け、ロールプレイをさせてもよい。店員役はいろいろな場所の旅行パンフレットを客に見せながら、客の希望に応じて、いくつかの場所を選んですすめるようにする。

　　例　店員：いらっしゃいませ。
　　　　客　：きれいな海でダイビングをしたいんですが。
　　　　店員：ダイビング(をする)なら、ハワイかカリブはいかがですか。
　　　　客　：イルカと泳ぎたいんですよ。
　　　　店員：イルカ(と泳ぐ)ならハワイがいいですよ。

語句

パソコン、カメラ、桜、秋葉原、新宿、上野、など

コラム 現場でうまく生かすコツ

6 イラストの自作と活用

　授業に、配布物や試験に、ちょっとしたイラストは活躍します。使いやすいイラスト集も増えていますし、教材のコピーで済む場合が多いものの、学習者の好みや環境などに合わせて既存のものに手を加えたり、既製品を参考に自分でも描ければ、学習者の注目もひき効果的でしょう。

　イラストを描くとき、大きい紙に太いマジックで描こうとすると緊張するし、バランスよく描くのは難しいものです。そんなときには、普通のサイズの紙とペンを使って、挿絵サイズの小ささで描くのがおすすめです。それをオリジナルとして保存しておき、必要に応じて絵カードのサイズに拡大コピーすれば、線も太くなって見やすくなります。また、絵にはあれもこれもと描きこまず、単純な方がいいです。いろいろ描きこむと、遠くから分かりづらくなるし、学習者が細かい部分に気をとられて思いがけない質問が出てしまったりします。シンプルな絵なら、そのまま、あるいはコピーして絵を描き足したり、他の絵と組み合わせたりして、さまざまに使い回せます。これは既製のイラストや写真を選んで使うときにも言えることです。

　定番の動詞や形容詞などのイラスト集を手元に持っていると、どこで教えるときにも役に立ちます。普段からいろいろな教科書・教材(日本語に限らず)に目を通して使いやすいイラストのありかを覚えておいて、必要なときにさっと見つけて使えるようにしておきましょう。

　この本にはイラストの索引もついているので、ぜひ活用してください。

～に行く　　　目的　　　クラス

文型	：切手を買いに行きました。
ゴール	：友人がどこへ、何をしに行ったか、情報を集める。
活動の種類	：クラス全体［Q＆A］
用意するもの	：タスクシート（人数分）

手　順

1. タスクシートを人数分用意して、切り離す。
2. タスクシートを学習者に1人1枚ずつ配る。シートはほかの人に見せないようにする。
3. 本田さんを例にして、どこへ何をしに行ったか説明し、シートの見方、タスクのやり方を説明する。
4. 学習者は自由に席を立ち、適当に相手を見つけて会話をする。自分が情報を持っていない人物について、「どこへ、何をしに行ったのか」尋ね合い、シートの空欄を埋める。

> 例　A：Bさん、鈴木さんは？
> 　　B：さあ、知りません。
> 　　A：Cさん、鈴木さんは？
> 　　C：鈴木さんは、空港へ行きましたよ。
> 　　A：何をしに行ったんですか。
> 　　C：友達を迎えに行ったんです。（空欄に書き込む）

アドバイス

- 人物名は、学習者がよく知っている人の名前に入れ替えると、雰囲気作りがしやすい。
- 学習者それぞれが違う情報を持っている、ということをよく把握させること。
- 時間がない場合は、ペアワークにしてもよい。その場合、タスクシート2枚分の情報を1枚に統合すること。
- タスクシートの「何をしに」の欄を空白にしておき、各学習者に自由に考えさせてもよい。

語　句

銀行、郵便局、空港、図書館、東京、お金をおろす、切手を買う、友達を迎える、本を返す、遊ぶ

▶タスクシート

♣

名前	どこへ？	何をしに？
例）本田	銀行	お金をおろす
田中	郵便局	切手を買う
鈴木		
佐藤		
ヤン		

◆

名前	どこへ？	何をしに？
例）本田	銀行	お金をおろす
田中		
鈴木		
佐藤	図書館	本を返す
ヤン		

♠

名前	どこへ？	何をしに？
例）本田	銀行	お金をおろす
田中	空港	友達を迎える
鈴木		
佐藤		
ヤン		

♥

名前	どこへ？	何をしに？
例）本田	銀行	お金をおろす
田中		
鈴木		
佐藤		
ヤン	東京	遊ぶ

～にする

ペア

```
文型      ：みんなで食べられるから、お菓子にしましょう。
ゴール    ：クラスのために買うものを決める
活動の種類：ペアまたはグループ［話し合い］
用意するもの：特になし
```

手 順

1. 学習者をペアにする。人数によってはグループにする。
2. 以下の条件で、買うものを決めるように指示する。
   ・クラスのみんなで使えるものを買う。
   ・値段は5000円以下。
3. 学習者は、「～にする」を使って話し合い、何を買うか決める。
4. 決まったら、ペア（グループ）ごとに発表させる。

> 例　A：何にしますか。
> 　　B：みんなで食べられるからお菓子にしましょう。
> 　　A：でも、お菓子は太りますよ。辞書にしませんか。
> 　　B：そうですね。どんな辞書にしますか。

アドバイス

- 新聞の折り込みチラシや通信販売・ギフトショップなどのカタログがあると話し合いが進めやすい。おもちゃのお金(p.59)を用意してもよい。
- 次のような設定でもできる。
    ① 誕生日が近い人にプレゼントを選ぶ。
    ② みんなで旅行に行く。
        京都にしましょう／車にしませんか／（集合は）七時にしましょう、など
    ③ レストランでみんなで大皿料理を頼む（小道具としてメニューがあるといい）。
        このピザにしましょう／サラダはこれにしませんか／
        （飲み物は）ビールにしましょうよ、など

語 句

お菓子、辞書、太る、など

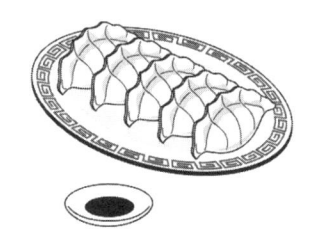

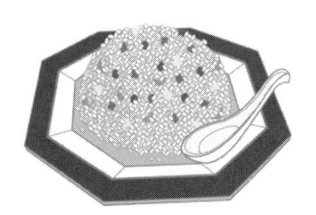

付録 9 食べ物カード［レストランメニュー］

～の　所有　ペア

```
文型　　　　　：だれのくつですか。／田中さんの(くつ)です。
ゴール　　　　：物の持ち主を知る
活動の種類　　：ペア［Q & A］
用意するもの　：タスクシート 1 (A・B)、2 (A・B)（ペア数分）
```

手順

1. タスクシートをペア数分用意し、切り離す。
2. 学習者をペアにして、一方にタスクシート 1 の A を、もう一方に B を配る。A は情報を持っており、B は持っていないことを説明する。
3. B は、A にシートを見せ、何かを指して持ち主を尋ねる。A は自分のシートを見て、答える。
4. B はそれを聞いて、持ち主と物の絵を線でつなぐ。

> 例　B：これは、だれの帽子ですか。
> 　　A：それはさとうさんの(帽子)ですよ。
> 　　B：さとうさんのですね。（さとうの絵と帽子の絵を線でつなぐ）

5. すべての物の持ち主が分かったら終わり。
6. 役割を交代し、タスクシート 2 を用いてもう一度行う。

アドバイス

- 「これ」「それ」の使い方に気をつけること。
- タスク前の練習として、次のようなものが考えられる。
    1. 学習者から 1 本ずつペンを集める。
    2. 全てのペンを混ぜてから、1 本取りだし、「だれのペンですか」と聞く。
- 応用活動＜記憶ゲーム＞
    1. A を拡大したものを全員に 30 秒間見せる。
    2. B を拡大したものを見せ、「これはだれのかばんですか」などと聞く。

語句

かばん、ぼうし、かさ、携帯電話(電話／ケータイ)、さいふ、お金、かぎ、時計、めがね、ペン

▶タスクシート1

| A さとう | はやし | やまだ |

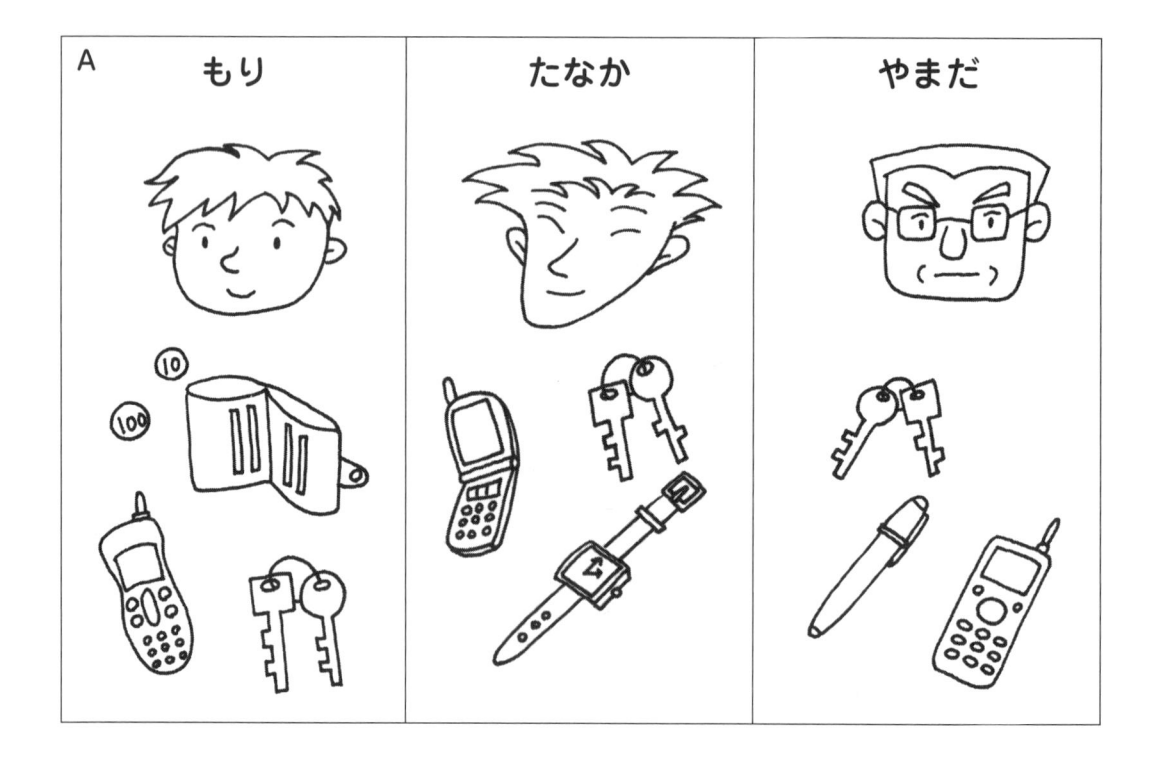

▶タスクシート2

| A もり | たなか | やまだ |

付録 10 道路標識カード

〜ので / のに

クラス

文型	：頭が痛かったので、勉強しませんでした。
	頭が痛かったのに、勉強しました。
ゴール	：文の後半部分を見て前半部分を考え、文を完成する。
活動の種類	：クラス全体またはグループ　［文作り］
用意するもの	：文字カード、絵カード（それぞれ１セット）

手　順

1. 文字カードと絵カードを切り離し、１セット用意する。
2. 絵カード(p.182-183)を使って「〜ので」または「〜のに」の文型練習をしておく。
3. 文字カードを裏返し、束にして机の上に置く。
4. 順番をきめ、最初の人が文字カードを１枚取る。
5. 「ので」または「のに」を用いて、カードに書かれている後半部分にうまくつながるように前半部分を考えて言う。

> 例　A：〈カードをとる：勉強しませんでした〉。
> 　　　頭が痛かったので(時間がたくさんあったのに)、勉強しませんでした。
> 　　T：正解(カードをあげる)
> 　　B：〈カードをとる：ジョギングします〉。
> 　　　天気なので(雨が降りたのに)、ジョギングします。
> 　　T：不正解(カードを戻させる)

6. 正しい文が言えたら、カードをもらう。間違った場合は、束の一番下に戻す。
7. カードが全部なくなったら終了。たくさんカードを取った人の勝ち。

アドバイス

- この活動は、「〜ので」「〜のに」兼用である。実際は、いずれかの文型練習に単独で用いるが、まとめとして、両者を混ぜて使うこともできる。その場合、「〜ので」「〜のに」と記したもう１種類のカードをつくり、文を作る前に引かせるとよい。

語　句

絵カード：
① 病気なので、会社を休んでいます。／病気なのに、働いています。
② 雨が降っている(大雨な)ので、散歩をしません。／雨が降っているのに、散歩をします。
③ 暑いので、アイスクリームを食べています。／暑いのに、ラーメンを食べています。
④ 寒いので、ラーメンを食べています。／寒いのに、アイスクリームを食べています。
⑤ やせたいので、運動をしています。／やせたいのに、たくさん食べています。
⑥ テストがあるので、勉強しています。／テストがあるのに、遊んでいます。
⑦ 勉強したので、テストがよかったです。／勉強したのに、テストが悪かったです。
⑧ 遊んでいたので、テストが悪かったです。／遊んでいたのに、テストがよかったです。

▶ 文字カード

クラスを休みました。	パーティーに行けません。	宿題ができませんでした。
授業におくれました。	病院へ行きました。	お水を飲みます。
映画を見に行きます。	テレビを見ません。	買い物します。
新聞を読みます。	疲れました。	運動します。
友達に電話します。	勉強します。	勉強しませんでした。
働きます。	散歩します。	散歩しませんでした。
ラーメンを食べます。	アイスクリームを食べます。	ケーキを食べます。
ビールを飲みました。	コーヒーを飲みませんでした。	家にいました。
ジョギングします。	頭が痛いです。	ねつがあります。

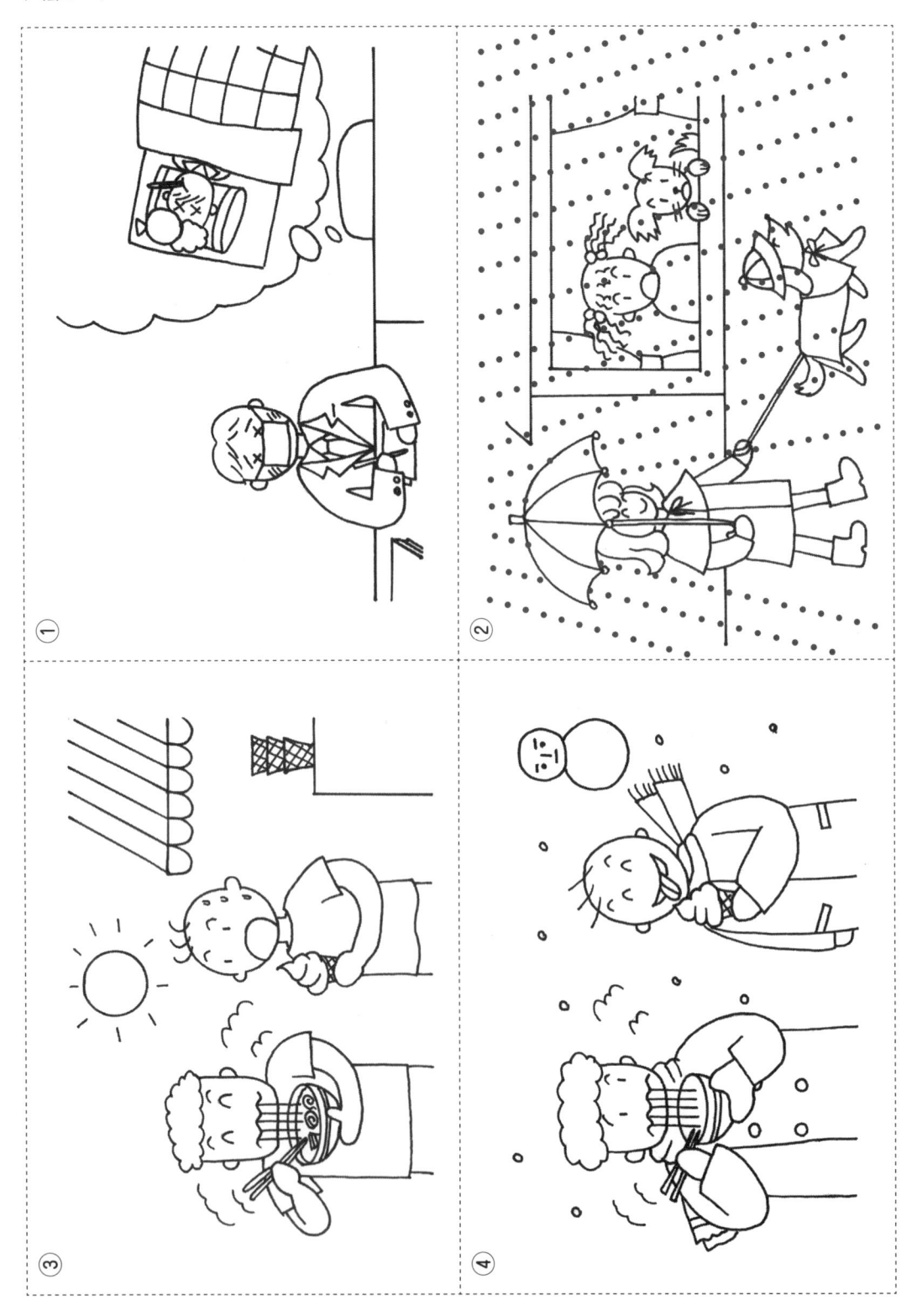

▶絵カード

①
②
③
④

⑤

⑥

⑦

⑧

～ば

グループ

文型	：日本人の恋人を作れ<u>ば</u>、日本語が話せるようになります。
ゴール	：日本語上達のためのアイデアを出し合う
活動の種類	：グループ［話し合い］
用意するもの	：タスクシート（グループ数分）

手順

1. タスクシートをグループ数分用意する。
2. 学習者をグループにして、タスクシートを各グループに1枚ずつ配る。
3. グループで、タスクシートにそって日本語上達のためのアイデアを出し合う。
4. グループごとに発表する。

> 例： 日本人の恋人を作れば、日本語がぺらぺら話せるようになります。
>   日本の歌を毎日歌えば、日本語がぺらぺら話せるようになります。
>   居酒屋で日本人と話せば、日本語がぺらぺら話せるようになります。

アドバイス

- このほかにも、学習者が上手になりたいと思っている事柄について、アイデアを出し合うこともできる。
- 少人数のクラスの場合は、教師が学習者の得意分野や特技を調べておき、それについて、アイデアを求めるようなタスクシートを作ってもよい。
    例：どうすればピアノが上手にひけるようになりますか。
- 「～ようになる」の練習にもなる。「～ようになる」が未習の場合は、質問と答えをほかの既習文型(「～たい」「～ばいい」など)に変更するとよい。
    例：日本語がぺらぺら話したいです。どうすればいいですか。
        日本人の恋人を作ればいいです。
        日本の歌を毎日歌えばいいです。

語句

日本語、ぺらぺら話す、漢字、たくさん書く、友達、話、分かる、新聞、読む

▶タスクシート

① どうすれば日本語がぺらぺら話せるようになりますか。

② どうすれば漢字がたくさん書けるようになりますか。

③ どうすれば日本人の友達の話が分かるようになりますか。

④ どうすれば日本語の新聞が読めるようになりますか。

〜は〜が

ペア

文型　　　　：その人は髪が長いです。
ゴール　　　：人物描写をする
活動の種類　：ペア　［ゲーム（人物当て）］
用意するもの：絵シート（拡大1枚とペア数分）

手順

1. 絵シートを拡大1枚とペア数分用意する。
2. 拡大した絵シートを黒板に貼り、いくつか例にとって、語彙を確認する。
3. 学習者をペアにして、絵シートを各ペアに1枚ずつ配る。
4. Aが絵の中から人物を1人選ぶ。どの人を選んだかは秘密にしておく。
5. Bは質問をして、Aが選んだ人物を当てる。Aは、「はい／いいえ／分かりません」のみで答える。

> 例　B：その人は髪が長いですか。
> 　　A：はい。
> 　　B：目が小さいですか。
> 　　A：はい。
> 　　B：Dさんですか。
> 　　A：いいえ。
> 　　B：口が小さいですか。
> 　　A：はい。
> 　　B：Jさんですか。
> 　　A：はい、そうです。

6. 当たったら役割を交代して、同様に行う。

アドバイス

- こじ開けられた金庫など事件現場の絵を見せ、Aをその事件の目撃者、Bを捜査官という設定にして、犯人探しにすると盛り上がる。
- 人物が多すぎて難しい時は、絵の一部(例：A〜L)のみ使用してもよい。
- 色をつけて、目や髪の色について言及してもよい(例：目が青い、髪が黒い)。
- ペアの一方が思いうかべた人物(有名人やクラスメート)を、もう1人が質問して、だれなのか当ててもよい。

語句

髪が長い／短い／ない、顔が丸い／四角い／長い、鼻が高い／低い、
目が大きい／小さい／細い、耳が大きい／小さい、口が大きい／小さい、など

▶絵シート

〜ばかり　　〜たばかり　　クラス

文型	：食べ**たばかり**なんです。
ゴール	：理由を言って誘いを断る
活動の種類	：クラス全体［Q & A］
用意するもの	：タスクカード（1セット）

手　順

1. タスクカードを切り離し、1セット用意する。映画のタイトル、先生の名前は適当なものを記入しておく。カードは裏向きに重ねて机の上に置く。
2. 学習者は、カードを1枚引き、それに従ってだれかを誘う。
3. 誘われた人は、「〜たばかり」を使って断る。

> 例　〈昼ごはんを食べる〉のカードを引く
> 　　A：昼ご飯を食べませんか。
> 　　B：すみません、今食べたばかりなんです。
> 　　A：そうですか。
>
> 　　〈いっしょに帰る〉のカードを引く
> 　　C：いっしょに帰りませんか。
> 　　D：えっ、私は来たばかりなんです。
> 　　C：ああ、そうですか。

アドバイス

- 「いっしょに帰る」のカードに対しては、「今、来たばかり」などと動詞を変える必要があり、難易度が高い。「少し休む」に対しても、「今、始めたばかり」などの答えが自然。この2枚は学習者に合わせて省くなど調整してほしい。

語　句

昼ごはん、食べる、図書館、行く、先生、会いにい行く、テニス、いっしょに、帰る、散歩、映画、見に行く、コーヒー、飲む、買い物、少し、休む

▶タスクカード

昼(ひる)ごはんを食(た)べる	散歩(さんぽ)に行(い)く
図書館(としょかん)へ行(い)く	_____を見(み)に行(い)く（映画(えいが)）
_____先生(せんせい)に会(あ)いに行(い)く	コーヒーを飲(の)む
テニスをする	買(か)い物(もの)に行(い)く
いっしょに帰(かえ)る	少(すこ)し休(やす)む

～は～だ (1)

クラス

文型	：キムさんです。ご専門は生物学です。
ゴール	：お互いの名前などを覚える
活動の種類	：クラス全体　[ゲーム（紹介ゲーム）]
用意するもの	：特になし

手 順

1. 輪になって座る。
2. 1人目が自己紹介をする。
3. 隣の人は1人目の人を紹介してから自己紹介を加える。
4. 次の人は、自分の直前までの全員を紹介してから自己紹介を加える。
5. つかえた人が出たら、その人が1人目になってやり直す（2に戻る）。
   または、質問して情報を確認してから、もう一度全部言い直す。
6. 一回りできたら終わり。

> 例　A：Aです。
> 　　B：（Aをさして）Aさんです。Bです。
> 　　C：（Aをさして）Aさんです。（Bをさして）Bさんです。Cです。

7. 名前を十分に覚えたら、出身や専門、趣味などの情報を少し増やして繰り返す。

> 例　A：Aです。国は中国です
> 　　B：（Aをさして）Aさんです。お国は中国です。Bです。国はインドです。
> 　　C：（Aをさして）Aさんです。お国は中国です。（Bをさして）Bさんです。
> 　　　　お国はインドです。Cです。国は韓国です。

アドバイス

- 初めてのクラスなど、互いをよく知らない学習者に向き、教師にとっても初対面の学習者の顔と名前を一致させる助けになる。
- 教師も輪に加わり、教師の隣にいる人からはじめて、次に教師が続け方を示すといい。
- 学習内容によって、「私は～」「こちらは～」や最後に「どうぞよろしく」などの表現を加えてもよい。
- 「お／ご」の使い方に十分注意する。

語 句

（お）名前、（お）国、（ご）出身、（ご）専門、（ご）趣味、

〜は〜だ (2)

クラス

文型	：キムさんは筑波大学の学生です。
ゴール	：友達や家族の絵・写真を見せ、紹介する
活動の種類	：クラス全体［他己紹介］
用意するもの	：白紙・太字ペン（それぞれ人数分）または写真（学習者持参）

手 順

1. 学習者に白紙を1人1枚ずつ配り、友達（家族）の絵を描かせる。写真を持って来させてもよい。
2. 絵（写真）をほかの人に見せながら、紹介をする。

> 例（友達紹介）
> この人は私の友達のキムさんです。キムさんは筑波大学の学生です。専門はコンピュータです。韓国人です。趣味は卓球です。
>
> （家族紹介）
> これは私の父です。父は55歳です。会社員です。趣味はつりです。これは私の母です。50歳です。教師です。母の趣味はガーデニングです。これは私の弟です。弟は17歳で、高校生です。趣味はテニスです。

アドバイス

- はじめに教師が自分の友達（家族）について話し、モデルを示すとよい。
- 1人が発表したら、教師が別の学習者に質問して内容を確認するようにすると、みんなが集中して聞く。また、よくできるクラスなら、学習者に質問をさせてもよい。
- 家族について話したがらない学習者もいるので注意する。
- ペアで互いの名前や仕事や趣味を聞き合い、あとでクラス全体で発表（お互いを紹介）してもよい。

例（ペアで）
A：こんにちは。お名前は？
B：リーです。
A：お国は？
B：中国です。
A：学生ですか？

（クラス全体で）
A：こちらリーさんです。中国人です。
　　筑波大学の学生です。

語 句

夫、主人、妻、家内、父、母、兄、姉、弟、妹、息子、娘、孫、祖父、祖母、おじ、おば、いとこ、職業、年齢、国籍、専門、趣味、友達、大学、学生、コンピュータ、韓国人、趣味、卓球、〜歳、会社員、趣味、つり、教師、ガーデニング、高校生、テニス、など

～は ～だ（3）

ペア

文型　　　　：私は田中電機のスミスです。
ゴール　　　：名刺を交換し、自己紹介する
活動の種類　：ペア　［自己紹介］
用意するもの：名刺カード（人数分）

手 順

1. 名刺カードを学習者に1枚ずつ配り、名前、会社名、部署名、電話番号などを書かせ、名刺を作る。
2. 名刺を交換しながら自己紹介をする。

> 例　A：はじめまして。田中電機のスミスです。（名刺を渡す）
> 　　B：はじめまして。ニコニコ自動車のチャンです。（名刺を渡す）
> 　　A：ありがとうございます。どうぞよろしく。
> 　　B：どうぞよろしく。

3. 出来るようになったら、携帯電話の番号、メールアドレスなど、名詞にない情報についても質問させる。

> 例　A：すみません。これは会社の電話番号ですか。
> 　　B：はい、そうです。
> 　　A：携帯の電話番号は何番ですか。
> 　　B：090－1234－5678 です。（Aはメモする）
> 　　A：090－1234－5678 ですね。
> 　　B：はい、そうです。

アドバイス

- はじめにクラス全体で、教師が1人の学生を相手にモデルを示し、お辞儀の仕方や、名刺を渡すタイミング、名刺を相手に向けて渡すことなどを確認してから、ペア練習に入る。
- ペアではなく、学習者を立たせ、教室内を自由に歩き回って複数の相手と名刺を交換させてもよい。
- 情報は架空でよい。会社名の代わりに、大学名や専門を書かせてもよい。

語 句

名刺、名前、会社、電話番号、はじめまして、どうぞよろしく、など

▶名刺カード

はじめに / それから

クラス

文型	: はじめに、半分に切ります。
ゴール	: 手順・方法を説明する
活動の種類	: クラス全体　[クイズ]
用意するもの	: タスクカード1・2(人数分)

手順

1. タスクカードを人数分用意し、切り離す。
2. 必要な語句を導入しておく(語句参照)。
3. タスクカード1を学習者に1人1枚ずつ配り、しばらく時間を与え、問題の答を考えさせる。ほかの学習者と相談させてもよい。
4. 分かった人に発表してもらう。

> 例　A：はじめに、ケーキを横に半分に切ります。
> 　　　　それから、縦に、半分に切ります。
> 　　　　そして、もう一度縦に半分に切ります。

6. タスクカード2を配り、同様に行う。

アドバイス

- タスクカード2の問題は、「〜たら」を学習済みのほうがよい。
- 学習者が発表する際には、口頭での説明だけでは難しいので、図を書きながら説明させるとよい。
- 応用編として、好きな料理の作り方を説明してもらうこともできる。

語句

はじめに、まず、次に、それから、そして、最後に、半分に/縦に/横に切る、ケーキ、砂時計、

[こたえの例]

こたえ

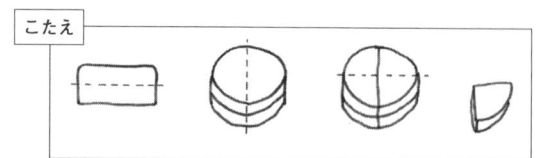

① はじめに、ケーキを横に半分に切ります。
② それから、縦に、半分に切ります。
③ そして、もう一度縦に半分に切ります。

こたえ

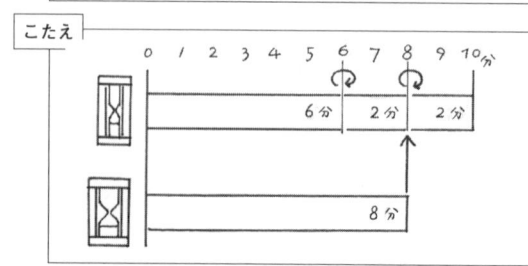

① はじめに二つの砂時計を同時にひっくり返します。
② 6分の方の砂が落ちたら、ひっくり返します。
③ 8分の砂が落ちたら、6分の砂時計をひっくり返します。
④ 6分の砂が落ちたら10分です。

▶タスクカード１

問題１

丸いケーキがあります。
このケーキを同じ大きさに、８つに切りたいと思います。
ナイフは３回しか使ってはいけません。
どうしたらいいでしょうか。

▶タスクカード２

問題２

８分の砂時計と、６分の砂時計があります。
この２つの時計で、１０分はかりたいと思います。
どうしたらいいでしょうか。

比較 (1)

〜は〜より〜だ，〜のほうが〜だ，〜がいちばん〜だ

クラス

文型	：アメリカ<u>は</u>インド<u>より</u>大きい<u>です</u>。
ゴール	：世界の国の大きさや人口を知る
活動の種類	：クラス全体　[ゲーム（並べ変え）]
用意するもの	：タスクカード(拡大1セット)、世界地図(あれば)

手順

1. タスクカードを拡大し、切り離す。その裏に面積や人口などの情報を書き、黒板に貼る。
2. これらの国を大きい順(または人口の多い順)に並べかえてくださいという指示を出し、学習者に比較の表現を使って発言させる。教師はそれを聞きながらカードを言われたとおりに並べ変える。
3. 全員の意見が一致したところでカードを裏返し、正しい順番に並んでいるかどうか確認する。

> 例　A：アメリカはインドより大きいです。
> 　　B：オーストラリアはブラジルより大きいです。
> 　　C：オーストラリアはブラジルほど大きくないです。…

アドバイス

- 「〜は〜が〜」(例：アメリカは人口が多い)が未習の場合は、人口の話題をさける。
- このほかに比較できる項目としては、暑い／寒い、物価が高い／安い、日本から遠い／近いなどがある。
- この活動の応用として、続けて「比較(2)」を行うとよい。

語句

アメリカ、インド、オーストラリア、カナダ、中国、ブラジル、大きい／小さい、人口が多い／少ない

■ 国カード裏面情報

アメリカ(963万km^2、30,000万人)、インド(329万km^2、114,000万人)
オーストラリア(769万km^2、2,060万人)、カナダ(998万km^2、3,290万人)
中国(960万km^2、133,000万人)、ブラジル(851万km^2、19,000万人)

統計資料：2007年世界人口白書/CIA - The World Factbook 2006

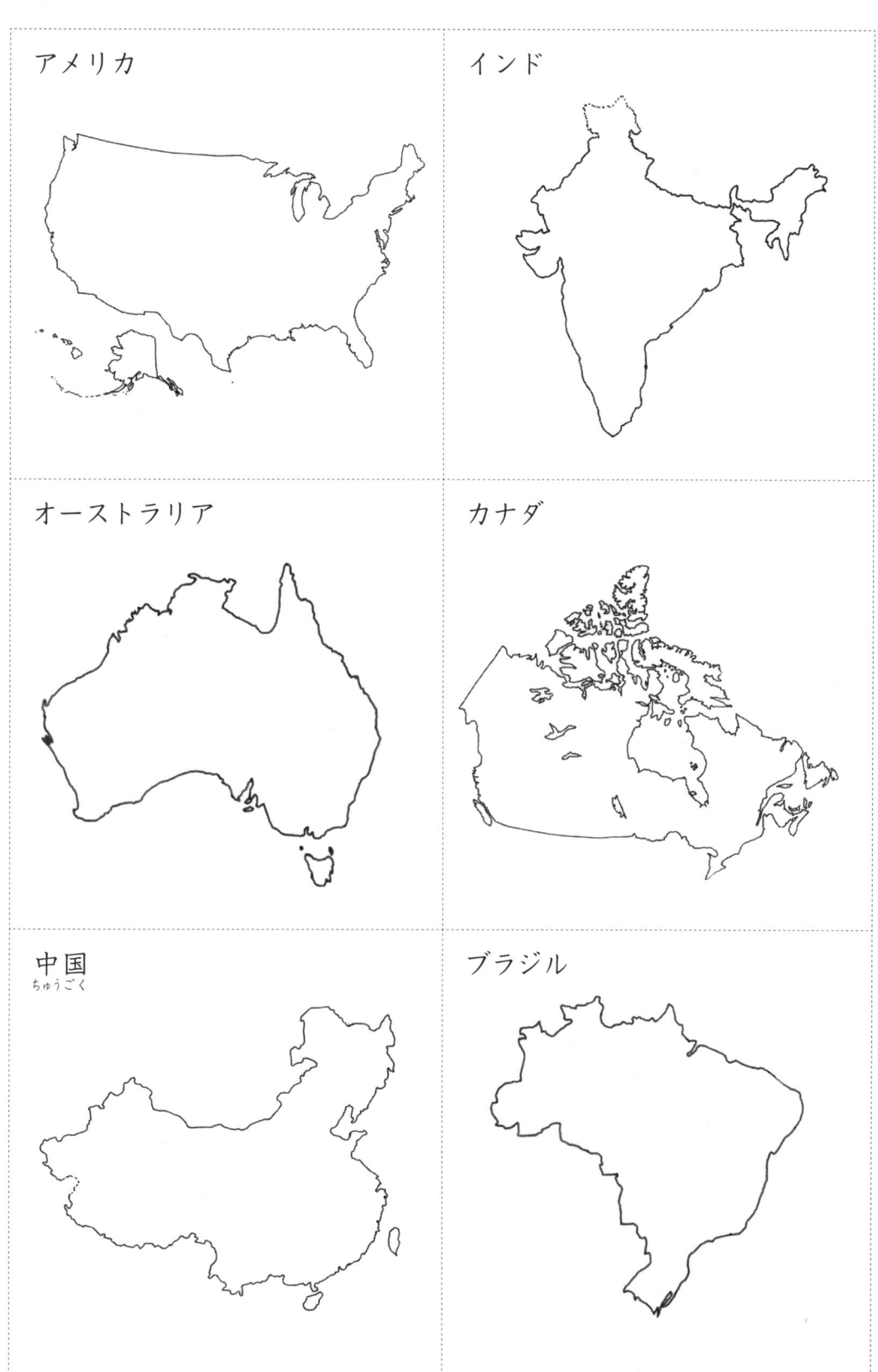

▶タスクカード

アメリカ	インド
オーストラリア	カナダ
中国
ちゅうごく	ブラジル

比較(2)　〜は〜より〜だ，〜のほうが〜だ，〜がいちばん〜だ

ペア

文型	：タイ<u>は</u>チリ<u>より</u>大きい<u>です</u>。チリ<u>のほうが</u>大きい<u>です</u>。
ゴール	：世界の国の大きさや人口を知る
活動の種類	：ペア［Q & A］
用意するもの	：タスクシート A・B（ペア数分）

手　順

1. タスクシートをペア数分用意し、切り離す。
2. 学習者をペアにして、一方にタスクシートAを、もう一方にBを配る。シートはお互いに見せないようにする。
3. タスクシートの語彙を確認し、Aは面積の情報を、Bは人口の情報を持っていることを説明する。
4. まず、Bは2つの国を取り上げ、どちらが大きいかをAに質問する。同様の質問を行いながら、大きい順に1から番号をふっていく。
5. 次にAがBに人口について質問し、人口の多い順に1から番号をふっていく。

> 例　A：エジプトとチリとどちらが（人口が）多いですか。
> 　　B：エジプトのほうが多いです。

5. 終了したら答え合わせをする。

アドバイス

- 「比較(1)」をした後、この活動に移るとよい。
- 統計資料は、なるべく新しいものを用いること。
- 学習者の国（出身地）をつけ加えてもよい。
- 完成したタスクシートを用いて、次のような「〜ほど〜ない」の練習をすることもできる。

　　例　国当てクイズ
　　　　A：この国の人口はイギリスより多いですがエジプトほど多くありません。
　　　　B：タイです。

語　句

エジプト、チリ、タイ、日本、ニュージーランド、イギリス、大きさ、大きい（面積が広い）、人口が多い

統計資料：2007年世界人口白書/CIA - The World Factbook 2006

▶タスクシート

A 国	大きさ(千km²)	人口の順位
エジプト	1001	
チリ	757	
タイ	514	
日本	378	
ニュージーランド	268	
イギリス	245	

— メ モ —

B 国	人口(人)	大きさの順位
日本	128,300,000	
エジプト	76,900,000	
タイ	65,300,000	
イギリス	60,000,000	
チリ	16,600,000	
ニュージーランド	4,100,000	

— メ モ —

～ほうがいい

クラス

文型	：早く帰ったほうがいいですよ。
ゴール	：困っている相手に対し、アドバイスする
活動の種類	：クラス全体　［自由発言］
用意するもの	：絵カード（1セット）

手順

1. 絵カードを切り離し、1セット用意する。
2. 教師が「頭が痛い」「熱がある」「おなかが痛い」といったジェスチャーをするか、絵カードを見せる。
3. それに対し、学習者が助言をする。

> 例　T：うーん。うーん。（頭が痛いジェスチャー）
> 　　A：どうしたんですか。
> 　　T：頭が痛いんです。
> 　　A：それは大変ですね。ちょっと休んだほうがいいですよ。
> 　　B：薬を飲んだほうがいいですよ。
> 　　C：授業はやめて、病院に行ったほうがいいですよ。
> 　　T：ありがとう。

アドバイス

- まずは教師の迫真の演技で、学習者から自然に言葉を引き出すとよい。
- 学習者の経験や既習語彙から助言できそうな状況を選ぶこと。簡単な状況のものから始めて、複雑な状況のものへと進んでいくと分かりやすい。

語句

病気：休む、寝る、いすに座る、帰る、薬を飲む、病院に行く、など
やせたい：ケーキを食べない、運動する、ダイエットする、など
デート：新しい服を買う、髪を切る、ひげをそる、そうじする、おふろに入る、など
海外旅行：水を飲まない、飛行機で行く、ぼうしを持っていく、など

▶絵カード

ほしい　〜がほしい　[クラス]

文型　　　　　：新しい車がほしいです。
ゴール　　　　：ほしいものをできるだけ多く言う
活動の種類　　：クラス全体　[自由発言]
用意するもの　：なし

手順

1. 学習者に何かほしいものがあるか尋ねる。
2. ほしいものを順に1つずつ言わせる。ただし、前の人と同じものを言ってはいけない。持ち時間を1人10秒と設定しておく。
3. 時間内に文が言えなかったら抜ける（もう発言できない）。最後まで残った人が勝ち。

例1　A：車がほしいです。
　　　B：辞書がほしいです。
　　　C：犬がほしいです。

例2　〈名詞の前に一言付け加える、というルールで〉
　　　A：新しい車がほしいです。
　　　B：きれいなガールフレンドがほしいです。
　　　C：漢字の辞書がほしいです。

アドバイス

- 持ち時間は学習者にあわせて変更するとよい。
- 「〜ほしい」と「〜たい」の使い方をよく把握させてから始める。
- 「〜たい」の練習として用いることも出来る。
　　例：新しい車が買いたいです。

語句

車、辞書、犬、ガールフレンド、など

付録 11 アイコンカード（空港・デパートなどでの）

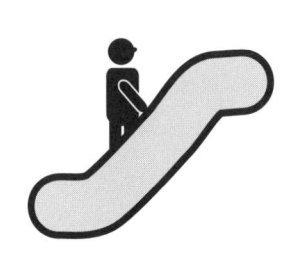

～まえは～だ　　～のまえは～だ / 前後左右　　グループ(7人)

文型　　　：ヤンさん**の**まえ**は**ポールさん**です**。
ゴール　　：指示どおりに整列する
活動の種類：グループ(7人)［ゲーム(整列ゲーム)］
用意するもの：タスクカード(グループ数分)

手　順

1. タスクカードをグループ数分用意し、切り離す。
2. 7人のグループを作り、リーダーを1人ずつ決める。
3. 各グループのリーダーにタスクカードを1枚渡す。リーダーはカードの中の人物それぞれに、自分以外のメンバーの名前を書きこむ。
4. グループメンバーは起立して1列に並び、リーダーはその背後に立つ。
5. 用意ドンでリーダーはタスクカードを見ながらメンバーに整列の指示を出す。

> 例　リーダー：ヤンさんの前はポールさんです。ヤンさんの左は陳さんです。
> 　　　　　　　ポールさんの右は金さんです。…

6. 整列し終わったら、各メンバーは、自分の前後左右にいる人を説明する。

> 例　ヤン　：私の前はポールさんです。私の左は陳さんです。
> 　　ポール：私の後ろはヤンさんです。私の右は金さんです。

7. 正しく、かつ早く整列し終わったチームが勝ち。
8. リーダーを交代し、別のタスクカードを用いて同様の活動を行う。

アドバイス

- リーダーとメンバーを対面させると左右が逆になるので、リーダーは必ずメンバーの後ろに立つ。
- はじめに、教師がリーダーになって活動の例を示すとスムーズにいく。
- 人数はクラスのサイズにより適宜調節する。その場合、タスクシートの人物も適当に増減して使う。
- 活動前の練習として次のようなことが考えられる。
    ① 教室での座席を利用した練習。教師が「トムさんの右」のような文を言い、当てはまる人(この場合トムさんの右に座っている人)が手を挙げる。
    ② テーブルやバスの座席表を提示し、「～さんの右はだれですか」といった質問をする(整列写真などの場合は、左右が逆になるので注意すること)。

語　句

前、後ろ、左、右

▶タスクカード

1

2

3

4

～まえに　　～るまえに

グループ (4〜5人)

文型	：朝ごはんを食べる<u>まえに</u>ジョギングをしますか。
ゴール	：相手やクラスメイトの生活習慣を知る
活動の種類	：グループ（4〜5人）［Q＆A］
用意するもの	：絵カード（グループ数分のセット）

手順

1. 絵カードをグループ数分用意し、切り離す。
2. 学習者を4〜5人のグループに分け、それぞれのグループに絵カードを1セットずつを配る。絵カードは裏返しに積み上げておく。
3. グループの1人がカードを2枚とって「〜まえに」を使った質問分を作り、隣の学習者に質問する。
4. 質問に答えた学習者が、次にカードを2枚とり、同様に隣の学習者に質問していく。

> 例　A：（カードを2枚とる）
> 　　　朝ごはんを食べるまえに、ジョギングをしますか。
> 　　B：いいえ、しません。
> 　　　（カードを2枚とる）
> 　　　家を出るまえにテレビを見ますか。
> 　　C：はい、見ます。

5. ひとまわりしたら終了。

アドバイス

- 2枚のカードの順序によってはおかしな文になることがあるので、例を示すなどして事前にふれておくとよい。

    例）○　寝る前に本を読む
    　　×　本を読む前に寝る

- この活動は「〜てから」「〜たあとで」などの練習にも応用できる。

語句

服を着る／脱ぐ／着替える、ジョギングする、シャワーを浴びる、コーヒーを飲む、勉強する、テレビ（ニュース）を見る、家を出る（出かける）、本を読む、水／ウイスキーを飲む、ご飯を食べる、歯を磨く、寝る

▶絵カード

～ましょうか　　申し出　　クラス

> 文型　　　　：窓を開け<u>ましょうか</u>。
> ゴール　　　：手伝いを申し出る
> 活動の種類　：クラス全体　［ロールプレイ］
> 用意するもの：p.157「～とき」の絵カード

手順

1. 157ページの絵カード(骨折した人のお見舞い)を拡大して黒板に貼り、いろいろな手伝いの申し出を考えさせる。
2. 教師が足を骨折して動けないふりをする。
3. 学習者は、「～ましょうか」を使って手伝いを申し出て、可能ならば実際に動作を行う。

> 例　T：足をけがしました。とても痛くて歩けません。
> 　　　　ちょっと座りたいんですが。
> 　　A：いすを持ってきましょうか。
> 　　T：はい、お願いします。ああ、暑いですねえ。
> 　　B：窓を開けましょうか。
> 　　T：はい、ありがとう。でも、やっぱり寒いですねえ。
> 　　C：窓を閉めましょうか。
> 　　T：ええ、すみません。

4. 慣れてきたら、教師の代わりに学習者の1人に怪我人役をさせ、同様に練習する。

アドバイス

- 白い画用紙を丸めた簡単なギブスを作って足にはめると臨場感が出る。
- 謙譲語が既習の場合は、謙譲語の練習もできる。
    例：いすをお持ちしましょうか。

語句

窓／ドアを開ける、窓／ドアを閉める、いす／水を持ってくる、電気／エアコン／テレビをつける、電気／エアコン／テレビを消す、教科書／ペン／チョーク／黒板消しを取る、かばんを持つ、など

> **コラム**
> 現場でうまく生かすコツ

7　他文型への活用［絵カード・タスクシート編］

　絵カード・タスクシート類は、工夫すると何通りにも使うことができます。巻末にはイラスト索引もありますので、いろいろと活用してみてください

◎『こそあど（２）(p.42)』の絵カード（場所カード）を使って
- 営業／開館時間などを付箋で貼り付け、「～から～まで（時間）」の練習をする。
- 「ここは～するところです」と**連体修飾**の練習や、「～するところを○○といいます」の練習をする。
- 「ここでは～ができます」と「～ことができる／れる・られる」の練習をする。
- 「ここには～しに行きます」と「～に行く」の練習をする。
- 黒板にカードを貼付けて地図を作り、「**あります（場所を教える）**」「**ありますか（場所を聞く）**」の練習をする。
　　例：「銀行はデパートの前にあります」「まっすぐ行くと右側に図書館があります」
　また、作った地図とミニカーを使って「**～てください（２）**」（タクシーで運転手に指示をする）の練習をする。
　　※ 場所カードは少し丈夫な紙にコピーし、裏にマグネットシートを貼りつけておくと、教室で使うのに便利です。

◎『～てある(p.106)』のタスクシートを使って
- 「（パーティの前に）～**しておきます**」の練習をする。
- 誰が何を準備するか、という話し合いの練習をする。

◎『～ようになる（３）(p.224)』のタスクシートを使って
- **比較**の練習をする。「～（する）ほうが好きです」「～（する）人のほうが多いです」など。

　動詞カードなどは、いつも教師が扱っているとだんだん飽きてしまいますが、学習者に持たせる、選ばせる、などすると活用の幅が広がります。例えば、裏向きのカードから２枚選ばせ組み合わせて文を作る練習などができます。教師が予想していなかった意外な組み合わせや文が飛び出してくるのも楽しいものです。

～ませんか / ましょう（1）

クラス

文型	：映画を見ませんか。／いっしょに買い物に行きましょう。
ゴール	：デートの約束をとりつける
活動の種類	：クラス全体　[ゲーム（パートナー探し）]
用意するもの	：タスクシート（人数分）

手順

1. タスクシートを人数分用意し、それぞれに異なるスケジュール（授業、試験、アルバイト、パーティーなど）を5～6カ所、適当に記入しておく。
2. 学習者にタスクシートを1人1枚ずつ配って、表の見方や語彙を確認させる。
3. 学習者は教室内を自由に歩き回って相手を見つけ、デートの約束をとりつける。
4. 約束の内容をタスクシートに書き込む。

> 例　A：Bさん、こんにちは。
> 　　B：あ、Aさん、こんにちは。
> 　　A：Bさん、今度いっしょに映画を見ませんか。
> 　　B：いいですね。今度の金曜日の夜はどうですか。
> 　　A：大丈夫です。それじゃ、金曜日にいっしょに映画を見ましょう。
> 　　　　（それぞれタスクシートに「○○さんと映画」と予定を記入）
> 　　　　それじゃ、また。
> 　　B：じゃ、また。

5. なるべくたくさんの人と約束が取れた人が勝ち。

アドバイス

- スケジュールは、白紙のままのものを配って、それぞれ自由に書き込ませてもよい。あらかじめ決まった予定が多いほど、ゲームは難しくなる。
- 待ち合わせの場所や時間を決めることにしてもよい。

語句

午前中、午後、夜、今度の～曜日、いっしょに、どこ、何時

▶タスクシート（2枚分）

	午前 _{ごぜん}	午後 _{ごご}	夜 _{よる}
月 _{げつ}			
火 _か			
水 _{すい}			
木 _{もく}			
金 _{きん}			
土 _ど			
日 _{にち}			

- - -

	午前 _{ごぜん}	午後 _{ごご}	夜 _{よる}
月 _{げつ}			
火 _か			
水 _{すい}			
木 _{もく}			
金 _{きん}			
土 _ど			
日 _{にち}			

～ませんか / ましょう（2） ペア

文型	：映画を見ませんか。いっしょに買い物に行きましょう。
ゴール	：電話で誘って、約束をとりつける
活動の種類	：ペア ［ロールプレイ］
用意するもの	：タスクシート（人数分）、電話（2台）

手 順

1. タスクシートを人数分用意し、切り離す。
2. 電話を2台用意する（アドバイス参照）。
3. 学習者をペアにして、タスクシートを各自に1枚ずつ配る。一度に1組しかできないので、順番を決める。
4. ペアで誘う側（A）、誘われる側（B）の役を決める。AはBを何に誘うか考えておく。
5. AはBに実際に電話をかけ、あいさつをし、映画などに誘う。電話をしながら、AとBはそれぞれタスクシートに日時等メモをとる。あいさつをして、電話を終える。

> 例 A：もしもし、Bさんですか。
> B：はい、Bです。
> A：Aです。あの、今度いっしょに食事をしませんか。
> B：いいですね。いつにしましょうか。
> A：日曜日の昼はどうですか。
> B：いいですよ。何時にどこで会いましょうか。
> A：11時半に駅の前で会いましょう。
> B：分かりました。
> A：じゃ、また日曜日に。
> B：じゃ、また。

6. AとBのタスクシートをつき合わせて、正しく相手に伝わったか／聞き取れたかどうか確認をする。

アドバイス

- 電話は内線や携帯電話を利用して、Aが教室内、Bが廊下というように離れた相手と話をさせるとよい。電話がない場合は、ついたてを用意して相手が見えないようにする。
- はじめにクラス全体で、電話を使わないで会話の流れを練習しておくとよい。また、実際の電話を使った練習は一度に1組しかできないので、そのあいだ、ほかのペアは練習をして待っているようにする。
- ペアの一方は、教師や教師以外の日本人がしてもよい。

語 句

いっしょに食事をする、駅の前で会う、だれと、なにを、いつ、何時に、どこで

▶タスクシート（2枚分）

――― メ　モ ―――

1. だれとしますか。　_____

2. 何(なに)をしますか。　_____

3. いつしますか。　_____

4. 何時(なんじ)に会(あ)いますか。　_____

5. どこで会(あ)いますか。　_____

――― メ　モ ―――

1. だれとしますか。　_____

2. 何(なに)をしますか。　_____

3. いつしますか。　_____

4. 何時(なんじ)に会(あ)いますか。　_____

5. どこで会(あ)いますか。　_____

まだ〜ていない / もう〜た

文型　　　　：歯ブラシはまだ入れていません。服はもう入れました。
ゴール　　　：2枚の絵の違いを探す
活動の種類　：ペア［Q＆A］
用意するもの：タスクシートA・B（ペア数分）

手　順

1. タスクシートをペア数分用意し、切り離す。
2. 学習者をペアにして、一方にタスクシートAを、もう一方にBを配る。シートはお互いに見せないようにする。
3. 違いが6つあるのでそれを探すように指示する。
4. 学習者は、「もう〜ましたか」「まだ〜ていません」を使ってお互いに質問し合い、絵が異なっている点を探す。

> 例　A：歯ブラシはもう入れましたか。
> 　　B：はい、もう入れました。Aさんはもう入れましたか。
> 　　A：いいえ、まだ入れていません。
> 　　B：服はもう入れましたか。
> 　　A：はい、もう入れました。

5. 終わったら、2人でタスクシートを見比べて答えを確認する。

アドバイス

- 旅行に行くときは何を持っていくかなど、旅行の話題作りをした上で、タスクシートを配る。
- 旅行の準備で、今トランクに荷物を入れているところという設定を理解させてから行う。

語　句

旅行、トランク、服、パスポート、カメラ、ガイドブック、歯ブラシ、かさ、サングラス、くつ、ウォークマン、水着

間違え探しの答え：
1.歯ブラシ、2.ウォークマン、3.ガイドブック、4.水着、5.サングラス、6.パスポート

▶タスクシート

A

B

見える / 聞こえる　～が見える / 聞こえる　クラス

文型　　　　：窓から木が<u>見え</u>ます。車の音が<u>聞こえ</u>ます。
ゴール　　　：自分の部屋の窓から見える / 聞こえるものを言う
活動の種類　：クラス全体　[自由発言]
用意するもの：タスクシートA（拡大1枚）・タスクシートB（拡大人数分）

手 順

1. タスクシートAを拡大して黒板に貼り、その絵について、何が見えるか、何が聞こえるか話し合う。
2. タスクシートBを拡大し、人数分用意して、1人1枚ずつ配る。
3. タスクシートBに、自分の部屋の窓から見える景色を描かせ、聞こえる音について書かせる。
4. 学習者は完成した絵をみんなに見せながら発表する。

> 例：私の部屋の窓から東京タワーが見えます。冬は富士山も見えます。
> 　　でも、海は見えません。それから、鳥の声は聞こえません。車の音が聞こえます。

アドバイス

- 教師がはじめに自分の部屋の例を示すとよい。また、この活動の前に、教室の窓から見える景色について、クラス全体で話し合っておくとよい。
- 「車が聞こえる」「鳥が聞こえる」ではなく、「車の音が聞こえる」「鳥の声が聞こえる」になることに注意させる。
- 絵を見せずに発表し、聞いている学習者がそれを絵に描き、描き終わったら見比べるという活動もできる。

語 句

部屋、窓、東京タワー、富士山、海、鳥の声、車の音、
木、花、山、川、となりの家、庭、ビル、アパート、駅、公園、道路、車、

▶タスクシート A

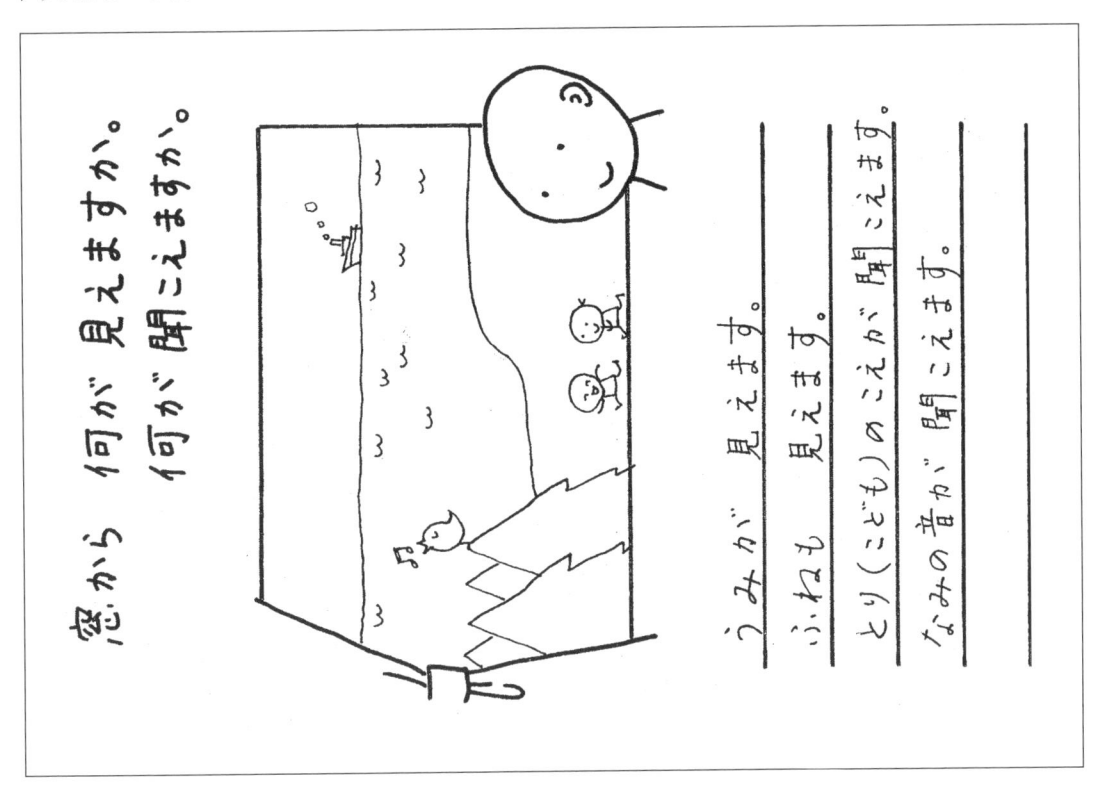

窓から 何が 見えますか。
何が 聞こえますか。

うみが 見えます。
ふねも 見えます。
とり(ことり)のこえが 聞こえます。
なみの音が 聞こえます。

▶タスクシート B

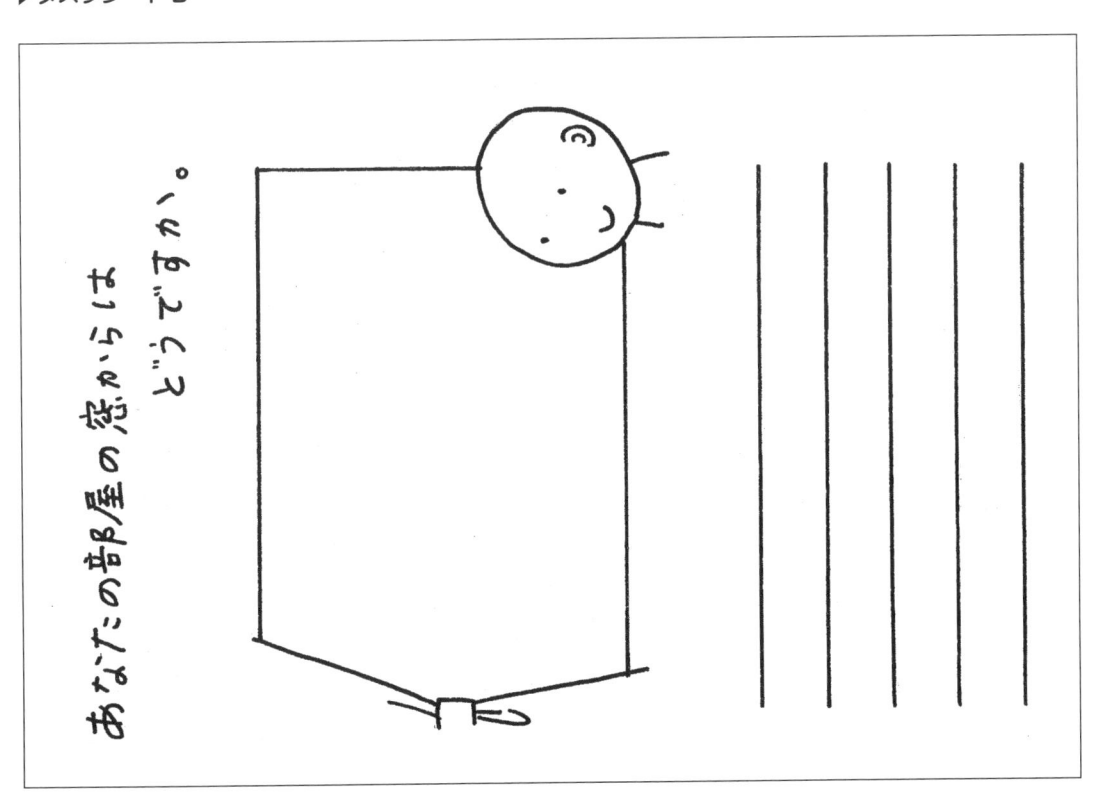

あなたの部屋の窓からは
どうですか。

～ような　～のような　クラス

文型	：ネコのような目
ゴール	：身体部位に関する慣用表現を覚える
活動の種類	：クラス全体［ゲーム（絵合わせ）］
用意するもの	：絵シートA・B（拡大それぞれ1枚）

手 順

1. 絵シートAとBを拡大して、黒板に貼る。語彙を確認する。
2. 学習者は各自またはペアで、絵シートAとBをつき合わせて、似ているものを探し、「～のような～」を使った表現を作る。
3. 答えを全体で確認する。

アドバイス

- 切り離してカードにして使ってもよい。
- 個人対抗やグループ対抗で、速さや出来た数を競ってもよい。
- 学習者の国(母語)ではどのように言うか、発表し合ってもおもしろい。

語 句

正解：
- 1 － G .... ネコのような目
- 2 － H .... キツネのような目
- 3 － I .... ダイコンのような足
- 4 － A .... カモシカのような足
- 5 － C .... モミジのような手
- 6 － F .... グローブのような手
- 7 － D .... カバのような顔
- 8 － B .... サルのような顔
- 9 － J .... ウマのような顔
- 10 － E .... リンゴのようなほお

▶絵シートA

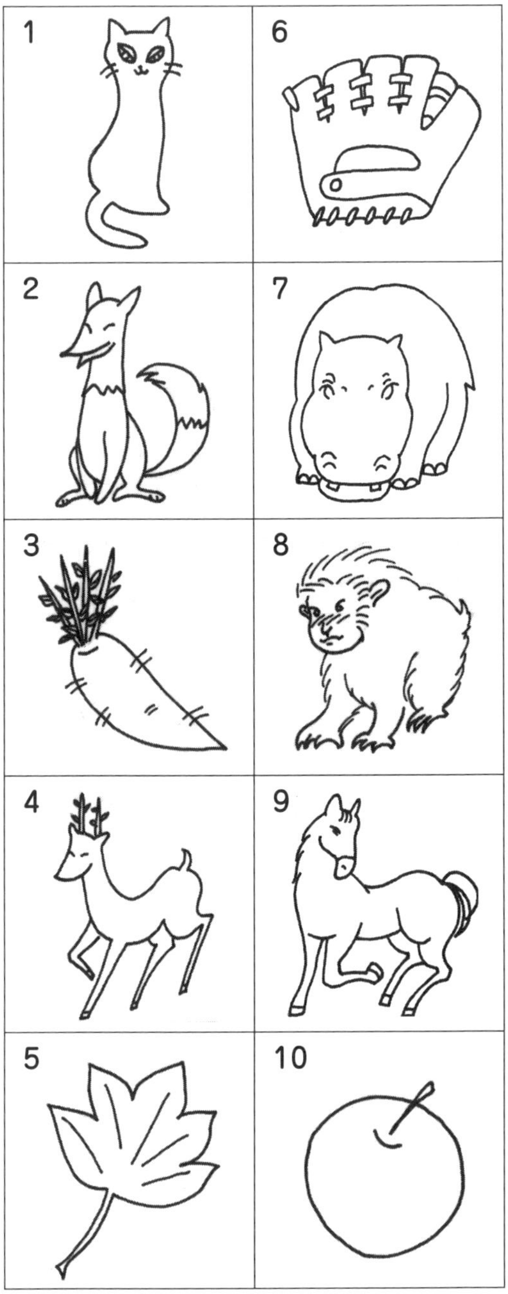

▶絵シートB

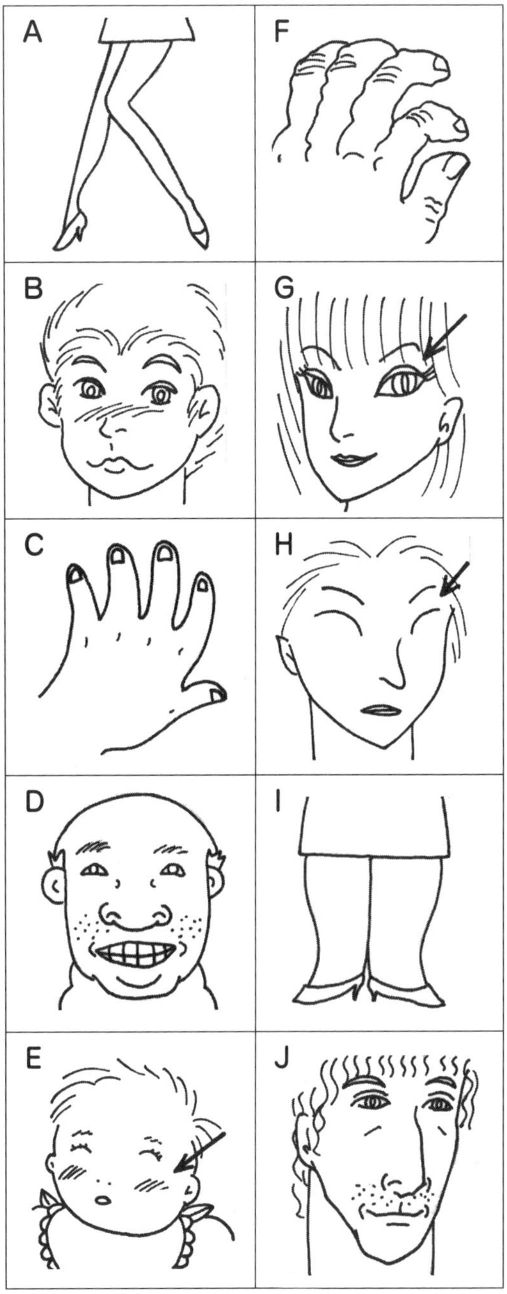

～ようになる（1）

グループ（2〜6人）

文型	：字が書ける<u>ようになり</u>ました。
	大きな家に住める<u>ようになり</u>たいです。
ゴール	：すごろくであがる
活動の種類	：グループ（2〜6人）［ゲーム（すごろく）］
用意するもの	：すごろく盤・さいころ（グループ数分）、コマ（人数分）

手　順

1. すごろく盤は適当な大きさに拡大する。
2. 学習者を2〜6人のグループに分ける。
3. グループ内で順番を決める。また、それぞれ自分のコマを決め、すごろく盤のスタートの位置に置く。
4. 1番の人からさいころを振り、出た目の数だけすごろく盤のコマを進める。
5. 止まったマス目の数字を年齢にして、以下のような形の文を作る。実際の年齢以下の場合は、「…才のとき、～ようになりました」、実際の年齢以上の場合は、「…才までに、～ようになりたいです」。

> 例　A：（6に止まる）6才のとき、字が書けるようになりました。
> 　　B：（30に止まる）30才までに、大きな家に住めるようになりたいです。

6. うまく文ができなかったら、1つもどる。早くゴールした人が勝ち。

アドバイス

- サイコロはコラム⑤（p.83）で作ることもできるし、六角の鉛筆それぞれの面にに1〜6の数字を書いた紙をはって代用してもいい。
- コマには、消しゴム、マグネット、色つきクリップ、チェスの駒、などが利用できる。
- 活動前の練習として、次のようなことをしておくとよい。
    1. すごろく盤を黒板に貼る。
    2. すごろく盤の絵や数字を示しながら、「何歳のとき話せるようになりましたか」「30才までに何ができるようになりたいですか」などの質問をする。
- 1つもどる、というルールについては、発話の冒頭で間違ってもそこでやめさせず、最後まで言わせること。
    - ×「*7才のとき、自転車が乗る」→　1コマもどる
    - ○「*7才のとき、自転車が乗るようになりました。」→　1コマもどる

語　句

歩けるようになった、話せるようになった、字が書けるようになった、日本語が上手に話せるようになりたい、車が買えるようになりたい、など

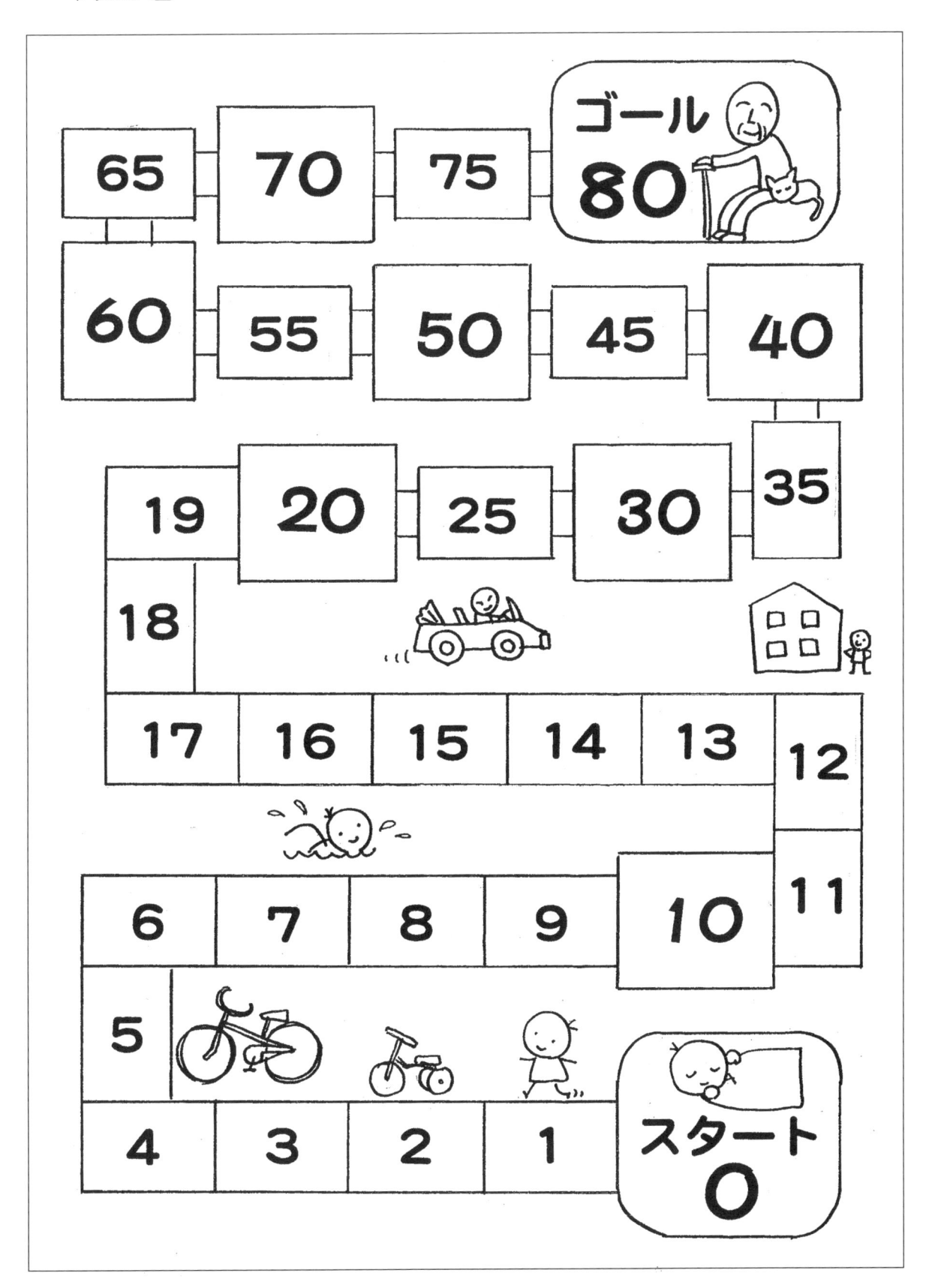

▶すごろく盤

65	70	75	ゴール 80
60	55	50	45	40

19 20 25 30 35

18

17 16 15 14 13 12

6 7 8 9 10 11

5 4 3 2 1 スタート 0

〜ようになる(2)

ペア

```
文型　　　　：イギリスでは何歳でたばこが吸えるようになりますか。
ゴール　　　：法律上、何歳でできるようになるか聞く
活動の種類　：ペア［Q＆A］
用意するもの：タスクシートA・B(ペア数分)
```

手　順

1. タスクシートをペア数分用意し、切り離す。
2. 学習者をペアにして、一方にタスクシートAを、もう一方にBを配り、語句を確認する。シートはお互いに見せないようにする。
3. それぞれの国でいつからできるようになるかお互いに聞き合って、タスクシートに書き込む。

> 例　B：Aさん、日本では何歳で結婚できるようになりますか。
> 　　A：男は18歳、女は16歳です。

4. 終わったら、2人でタスクシートを見比べて答えを確認する。

アドバイス

- はじめに教師が学習者に質問して手本を見せるとよい。
- いろいろな国の学習者がいる場合には、学習者の国と、質問項目だけの表を渡し、クラス全体で自由に話し合いながら表を完成させてもよい。
- 飲酒禁煙に関しては年齢制限を設けていない国があるので、注意すること。
- 年齢制限の情報は2007年現在のものである。変わる可能性もあるし、同じ国内でも地域により法律が異なることもあるので注意が必要である。

語　句

お酒を飲む、たばこをすう、運転する、投票する、結婚する

▶タスクシート

A

	イギリス	日本 _{にほん}	ルーマニア	韓国 _{かんこく}
お酒 _{さけ}	18		18	18
たばこ		20		18
運転 _{うんてん}	17		18	
投票 _{とうひょう}				20
結婚 _{けっこん}	16	男　　女 18　　16		

B

	イギリス	日本 _{にほん}	ルーマニア	韓国 _{かんこく}
お酒 _{さけ}		20		
たばこ	16		18	
運転 _{うんてん}		18		18
投票 _{とうひょう}	18	20	18	
結婚 _{けっこん}			男　　女 18　　16	男　　女 18　　16

～ようになる（3）

```
文型        ：今はよく車に乗るようになりました。
ゴール      ：昔と今の習慣を比較し、自分に最も近い人を探す
活動の種類  ：クラス全体　[文作り]
用意するもの：タスクシートA（拡大1枚）・タスクシートB（人数分）
```

手 順

1. タスクシートAは拡大し黒板に貼り、タスクシートBは人数分用意し1枚ずつ配る。
2. タスクシートAを用い、日本人の昔と今を比較しながら、習慣の変化を表す場合に「～ようになる」が使えることを説明する。
3. 学習者に来日前と来日後を比べて変化のあった習慣について質問し、いくつか挙げてもらう。
4. 学習者は、自分自身の習慣の変化を3つ考え、シートに記入する。
5. 教師の合図で席を立ち、自由に相手を見つける。
6. シートの上欄に相手の名前を書き、それぞれの項目について質問する。同じ習慣があった場合は○を、なかった場合は×を書き込む。
7. 自分に最も近い人は誰か、またその人と共通する変化は何かを発表する。

> 例　A：昔は野菜を食べませんでしたが、今はよく食べるようになりました。Bさんはどうですか。
> B：私は野菜が大好きですから昔もよく食べました。（シートに×をつける）
> A：私は昔は、よく車に乗りましたが、今は乗らなくなりました。Bさんはどうですか。
> B：わたしもです。（欄に○をつける）

7. ひととおり終わったら、別の相手を見つけ、同様に行う。
8. 自分に最も近い人は誰か、また、その人と共通する変化は何かを発表する。

> 例：Cさんは、私と同じように、
> 昔は、野菜を食べませんでしたが、今はよく食べるようになりました。
> 昔は、よく車に乗りましたが、今は乗らなくなりました。
> 昔は、よく外食しましたが、今は(外食)しなくなりました。

アドバイス

- ここでは、来日前と来日後という設定で行っているが、学習者にあわせて以下のような状況を設定することもできる。

    例：結婚前と後　　　　　　　子供時代と現在
    　　子供が生まれる前と後　　一人暮らしを始める前と後
    　　定年前と後　　　　　　　学生時代と卒業後

- 「昔」のかわりに「～とき」、「～まえに」、「今」のかわりに「～てから」「～たあと」などを用いれば既習文型の復習にもなる。また、「来日前」、「来日後」の様な特別な言い方を導入して用いてもよい。
- 「～ようになる」の否定の表現には、「～ないようになる」があるが、ここでは使用範囲の広い「～なくなる」を用いた。学習者のレベルに応じて選択してほしい。

語句

ふとん／ベッドで寝る、着物／洋服を着る、筆／ペンで書く、床／いすに座る

▶タスクシート A

▶タスクシート B

	かわったところ	さん	さん	さん	さん
1	(昔)むかし				
	(今)いま				
2	(昔)むかし				
	(今)いま				
3	(昔)むかし				
	(今)いま				

～れる/られる（1）　間接受身　［ペア］

文型	：泥棒に窓を割られました。
ゴール	：それぞれの立場から話を作る
活動の種類	：ペア　［文作り］
用意するもの	：絵シート（ペア数分）

手順

1. 絵シートをペア数分用意する。
2. 学習者をペアにして、絵シートを各ペアに1枚ずつ配る。
3. 泥棒の立場と泥棒に入られた家の人の立場、それぞれの話を、2人で協力しながら作る（①～⑥の順を追って話を作るよう指示する）。

> 泥棒の立場：まず窓を割りました。そして窓から入りました。お金を盗みました。それからケーキを食べて、ジュースを飲んで、逃げました。
>
> 入られた家の人の立場：泥棒に窓を割られて、家に入られて、お金を盗まれてしまいました。それからケーキを食べられたり、ジュースを飲まれました。そして、逃げられました。

4. ペアごとに発表する。

アドバイス

- 話を作る際、既習の文法や表現（接続表現など）をなるべく多く用いるように指導するとよい。
- 工夫して長めの話を作るように指導しておくと、個性的な作文が出来て、発表のときに盛り上がる。
- この活動の絵は、「れる／られる(1)」の一連の絵の続きである。「れる／られる(1)」は間接受身で、「れる／られる(3)」は直接受身であるため、別々の活動としているが、総合練習として、全体を通して使用することもできる。

語句

泥棒、窓、割る、部屋、入る、お金、盗む、ケーキ、食べる、ジュース、飲む、逃げる

▶絵シート

～れる/られる（2）　間接受身

文型　　　：お金をとられましたか。
ゴール　　：相手が選んだ犯人を当てる
活動の種類：ペア［ゲーム（犯人当て）］
用意するもの：絵シート1（拡大1枚）、絵シート2（ペア数分）

手順

1. 絵シート1は拡大し黒板に貼り、絵シート2はペア数分用意する。
2. クラス全体に絵シート1を見せ、「この部屋に泥棒が入った」ことを理解させる。
3. 被害状況について、受身を使いながら以下のような質問をする。

> 質問例：どこから入られたと思いますか。それはどうしてですか。
> 　　　　何か食べられましたか。何か飲まれましたか。
> 　　　　何が盗まれたと思いますか。
> 　　　　窓は壊されましたか。

4. 学習者をペアにして、絵シート2を各ペアに1枚ずつ配る。
5. Aが被害者の役になり、絵シート2の中から犯人を一人選ぶ。どの犯人を選んだかは秘密にしておく。
6. BはAに何をとられたか、受身を使って聞き、犯人を当てる。そのとき、Aは「はい」、「いいえ」のみで答える。

> 例　A：カメラをとられましたか。
> 　　B：はい。
> 　　A：コンピュータはとられましたか。
> 　　B：いいえ。
> 　　A：2番が犯人ですか。
> 　　B：いいえ。
> 　　A：ビールは飲まれましたか。

7. 当たったら役割を交代し、同様に行う。

アドバイス

・クラス全体の活動として行ってもよい。その際、だれが一番早く犯人を見つけるか競争にすると盛り上がる。

語句

犯人、入る、盗む、壊す、とる、食べる、飲む、
おにぎり、ビール、コンピュータ、お金、携帯電話、カメラ

▶絵シート1

▶タスクシート2

232

付録 12　お天気カード

～れる/られる（3）　直接受身

> 文型　　　：私は犬に足を<u>かまれ</u>ました。
> ゴール　　：泥棒の立場から話を作る
> 活動の種類：ペア　［文作り］
> 用意するもの：絵シート（ペア数分）

手　順

1. 絵シートをペア数分用意する。
2. 学習者をペアにして、絵シートを各ペアに1枚ずつ配る。
3. 泥棒の立場から、2人で協力しながら話を作る（①～⑥の順を追って話を作るよう指示する）。

> 例：私は犬にほえられて、足をかまれました。そして子供に見られてしまいました。
> 　　その子供に追いかけられて、とうとうつかまえられてしまいました。

4. ペアごとに発表する。

アドバイス

- 話を作る際、既習の文法や表現（接続表現など）をなるべく多く用いるように指導するとよい。
- 工夫して長めの話を作るように指導しておくと、個性的な作文が出来て、発表のときに盛り上がる。
- この活動の絵は、「れる／られる(1)」の一連の絵の続きである。「れる／られる(1)」は間接受身で、「れる／られる(3)」は直接受身であるため、別々の活動としているが、総合練習として、全体を通して使用することもできる。

語　句

泥棒、犬、子供、警察官、吠える、かむ、みる、追いかける、逮捕する、つかまえる

▶絵シート

連体修飾(1)　〜ている人

グループ(3〜6人)

文型	：本を読んでいる人はだれですか？
ゴール	：絵の中の人物の名前を明らかにする
活動の種類	：グループ(3〜6人)　[Q&A]
用意するもの	：絵シート(グループ数分)、人物カード(グループ数分のセット)

手順

1. 絵シートと人物カードをグループ数分用意する。人物カードは名前を決めて書き込み、切り分ける。
2. 3〜6人程度のグループに分け、絵シートは各グループに1枚ずつ配り、人物カードは1人2〜4枚ずつ配る。ほかの人には見せないように指示する。
3. グループの中で学習者Aは絵シートの中の人物を1人選んで、学習者Bに名前を尋ねる。
4. Bは手持ちのカードで名前分かれば人物名を答え、分からなければ、別の学習者Cに尋ねる。

> 例　A：Bさん、池で泳いでいる人はだれですか。
> 　　B：さあ、分かりません。
> 　　　　Cさん、池で泳いでいる人はだれですか。
> 　　C：池で泳いでいる人は山田さんです。
> 　　B：そうですか。ありがとうございます。
> 　　C：Dさん、テニスをしている人はだれですか。

5. 答えが出るまで同様に続ける。名前が分かった人物は、絵シートに書き込み、全員の名前が分かったら終わり。

アドバイス

- 人物名は、そのクラスの学習者の名前や芸能人の名前にするとよい。
- 文型「〜かわかる」の練習にも応用できる。
  　例：池で泳いでいる人はだれか、分かりますか？
- 絵に帽子やメガネなどの小物を書き足せば、表現の幅を広げることもできる。

語句

泳ぐ、つりをする、イヌと遊ぶ、アイスクリームを食べる、バレーボール(テニス/ゴルフ)をする、本を読む、ベンチで寝る、自転車に乗る

▶絵シート

▶人物カード

237

連体修飾(2)　〜ている人

ペア

> 文型　　　　：寝ている人がいます。
> ゴール　　　：２枚の絵の違いを探す
> 活動の種類　：ペア［Q＆A］
> 用意するもの：タスクシートA・B(ペア数分)

手順

1. タスクシートをペア数分用意し、切り離す。
2. 学習者をペアにして、一方にタスクシートAを、もう一方にBを配る。シートはお互いに見せないようにする。
3. Aは通勤電車の絵、Bは行楽地行きの電車の絵を持っていることを説明する。
4. 学習者はお互いに質問し合って、人々の行動の違いを探し出す。

> 会話例　B：ビールを飲んでいる人がいますか。
> 　　　　A：いいえ、いません。
> 　　　　B：そうですか。この電車にはいます。
> 　　　　A：この電車には寝ている人がいますが、そちらにもいますか。
> 　　　　B：ええ、います。

5. 終わったら、お互いにタスクシートを見比べて答えを確認し、相違点を発表する。

> 発表例　行楽地行き(B)の電車にはビールを飲んでいる人がいますが、
> 　　　　通勤電車(A)にはいません。

アドバイス

- はじめに通勤電車、行楽地行きなど、電車によって乗客の行動が異なることを話しておくとスムーズに進む。
- 「Aには〜いますが、Bには〜いません。」のような対比の表現が未習の場合は、発表の前に導入する。
- 学習者の国の電車の中ではどのようなことをしている人がいるか、などディスカッションさせてもよい。
- 文型練習とは別に、タスクシートAを用いて日本の通勤ラッシュについて話し合うこともできる。

語句

通勤電車、行楽地行き、寝る、本を読む、音楽を聞く、立つ、携帯電話で話す、メールを見る、話す、笑う、ビールを飲む、お弁当を食べる、地図を見る、など

▶タスクシート

A

B

連体修飾（3）

クラス

文型　　　：<u>自転車で来る</u>人。
ゴール　　：連体修飾文を使っていす取りゲームをする
活動の種類：クラス全体　［ゲーム（いす取りゲーム）］
用意するもの：いす（人数分より1つ足りない数）

手順

1. 学習者の人数より1つ少ない数のいすを用意し、円形に並べる。
2. 鬼を1人決める。
3. 鬼は円の中央に立ち、ほかの人はいすに座る。
4. 鬼は、「～人」と大きな声で言う(発言例参照)。
5. その発言内容に当てはまる人は、立って、すばやく別のいすに座る。鬼もどこかに座る。
6. 座れなかった人が、次の鬼になる。1人しか立たなかった場合は、その人が鬼になる。

例　A：たばこを吸う人。
　　　　（たばこを吸う人は席を立って、別のいすに座る）
　　B：今日、朝ごはんを食べなかった人。
　　　　（朝ごはんを食べなかった人は席を立ち、別のいすに座る）
　　C：めがねをかけている人。

アドバイス

- はじめは学習者全員分のいすを用意し、教師が鬼になって何回か見本を示すとよい。
- 鬼は必ず座ることができる。
- 人数によっては、かなり騒がしくなるので、周りに気をつける。
- 発言は、事実かどうか確認できる内容に限るなど、必要によってはルールを工夫する。
- ゲームを始める前に、名詞・形容詞・動詞それぞれを使った連体修飾をまとめて復習しておく。

語句

発言例
　名詞：　男の人、経済学部の人、2年生の人、アジアの人
　形容詞：髪が黒い人、ネコが好きな人
　動詞：　中国から来た人、結婚している人、セーターを着ている人、靴下をはいていない人、
　　　　　○○語が話せる人、お酒を飲む人、自転車で学校に来る人、朝ごはんを食べた人、
　　　　　朝ごはんを食べなかった人、きのうスーパーへ行った人

コラム　現場でうまく生かすコツ

8　他文型への活用［タスク活動編］

タスクの中には、同じ手順で他の文型の練習にも使えるものがあります。例えば以下のようなものです。

- 『〜ないでください(p.162)』　→　【応用】『〜てはいけない』
    活動例：「ここ(美術館)で写真をとらないでください」という文を作る。
    ↓
    【応用】「ここで写真をとってはいけません」に。

- 『〜てから(p.124)』　→　【応用】『〜たら』
    活動例：「テレビを見てから宿題をします」と言い訳をする。
    ↓
    【応用】「テレビを見たら宿題をします」に。

また、以下のタスクでは、少し手を加えると**連体修飾**の練習ができます。

- 『〜ために(p.94)』
    活動例：絵を使って「これは朝起きるために使います」というクイズを出す。
    ↓
    【応用】「これは朝起きるために使うものです」に。

- 『〜ている(1)(p.110)』
    活動例：絵を見ながら「○○さんは何をしていますか」とたずね合う。
    ↓
    【応用】「…している人は誰ですか」に。

他にも、タスクで得た情報をクラスで報告する活動を加えて「**〜そうです（伝聞）**」や「**〜と言っています**」の練習をしたり、「**う／よう**」を「**ましょう**」とスタイルを変えてみたりなど、いろいろな工夫ができます。

索引からは、こういった応用タスクも参照できるようになっています。また、各タスクのアドバイス欄でも説明していますので、活用してください。

～んです

文型	：きのう、いそがしかったんです。
ゴール	：機転を利かして言い訳／追求する
活動の種類	：ペア ［ゲーム（言い訳ゲーム）］
用意するもの	：ロールカード（ペア数分のセット）

手 順

1. タスクシートをペア数分用意し、切り離す（ロールカードは教師が適宜役割を記入して使う）。
2. 学習者をペアにし、ロールカードを各ペアに1セットずつ配る。机の上に伏せておくよう指示する。
3. ロールカードを1枚めくり、A、Bの役割を決めさせる。
4. Aはカードに書いてあることについてBを追求し、Bが言い訳をする。
5. 言いわけが続けられなくなったら終わり。

> 例 A：遅かったですね。どうしたんですか。
> 　　B：寝ていたんです。
> 　　A：どうして寝ていたんですか。
> 　　B：風邪を引いたんです。
> 　　A：どうして風邪を引いたんですか？

5. 別のカードをめくり、同様に行う。

アドバイス

・ はじめは教師がAの役割をやってモデルを示すとよい。

語 句

① 先生、学生、授業、遅れる　② 警官、運転手、スピード、違反する
③ 先生、学生、宿題、忘れる　④ 図書館員、利用者、本、返す、遅くなる
⑤ 父親、母親、子供、テスト、成績、悪い

▶ ロールカード

① A：先生（せんせい） B：学生（がくせい） ―――――――― 授業に遅れた。（じゅぎょう おく）	④ A：図書館員（としょかんいん） B：利用者（りようしゃ） ―――――――― 本を返すのが遅くなった。（ほん かえ おそ）
② A：警官（けいかん） B：運転手（うんてんしゅ） ―――――――― スピード違反をした。（いはん）	⑤ A：父親／母親（ちちおや／ははおや） B：子供（こども） ―――――――― テストの成績が悪かった。（せいせき わる）
③ A：先生（せんせい） B：学生（がくせい） ―――――――― 宿題を忘れた。（しゅくだい わす）	⑥ A： B： ――――――――

総合復習 「あなたはだれ？」

クラス

```
文型       ：あなたは机ですか。食べられますか。
ゴール      ：いろいろな質問のしかた（疑問文）に慣れる
活動の種類   ：クラス全体　［Q＆A］
用意するもの ：有名人の写真（何点か）
```

手　順

A 1. 学習者の1人に有名人の写真を1枚選ばせ、裏返して持たせる。
　 2. ほかの学習者は、「はい／いいえ」で答えられる質問をして、その人がだれか当てる。質問の回数を限ってもよい。回答者は、「はい／いいえ」以外で答えてはいけない。

```
例：（あなたは）アメリカ人ですか。　　　　　　　　　　　はい。
　　映画スターですか。　　　　　　　　　　　　　　　　はい。
　　男の人ですか。　　　　　　　　　　　　　　　　　　いいえ。
　　歌を歌いますか。　　　　　　　　　　　　　　　　　はい。
　　マリリン・モンローさんですか。　　　　　　　　　　はい、そうです。
```

B 1. 教師か学習者の1人が心の中で、「自分は何か（だれか）」決めておく。「教室の中にあるもの」というふうに限定してもよい。
　 2. ほかの学習者は、「はい／いいえ」で答えられる質問をして、その人が何か（だれか）当てる。

```
例：（あなたは）動物ですか。　　　　　　　　　　　　　いいえ。
　　食べられますか。　　　　　　　　　　　　　　　　　いいえ。
　　教室の中にありますか。　　　　　　　　　　　　　　はい。
　　机ですか。　　　　　　　　　　　　　　　　　　　　はい、そうです。
```

アドバイス

・ 有名人の写真は、新聞や雑誌から切り抜き、厚紙に貼りつけておくとよい。
・ 「世界的な有名人」は国によって違うし、名前の読み方が母語によって異なることもあるので注意すること。
・ はじめに用意した全ての写真を見せ、名前を確認し、学習者全員がよく知っている人を5点以上選ぶ。
・ 次のようなゲーム「私はだれ／何？」もできる。
　 1. 学習者全員の背中に人／物の名前や写真を書いた紙を貼る。
　 2. 学習者は教室内を自由に移動しながら、ほかの人に「はい／いいえ」で答えられる質問をして、自分の背中に貼られた人／物の名前を推測する。
　 3. 自分の正体が分かったら教師のところに行き、背中の紙をはがしてもらって席につく。

コラム 現場でうまく生かすコツ

9 海外に持っていくと便利なもの

　文化紹介のために持っていくと良いものはたくさんありますが、ここでは特に日本語授業を行う際に役立つという観点から便利なものを紹介します。例えば「　」内のような文型の導入や練習、応用タスクなどに用いることができます。

▶授業の準備に

便利なもの	使用例
使い慣れた文房具 （ボールペン、サインペン、蛍光ペン、修正液、のり、裏うつりしないマーカーなど）	教材作り、教案作り

▶授業のさまざまな活動に

便利なもの	使用例
かるた，文字カード	ひらがなの習得など
絵カード	語彙の導入など
切手，はがき，封筒，祝儀袋類	助数詞（枚）の導入、郵便局タスク、書き方の指導など
漢字練習帳，原稿用紙	漢字の練習、書き方の指導など
日本円（硬貨、お札など全種類）	数字、買い物タスクなど
レストラン・ファーストフードのメニュー，デリバリーのチラシ	レストランタスク、電話注文タスクなど
風呂敷	贈り物タスク、「〜が入っていると思います」 「包む、隠す、広げる、丸める、畳む、吊る」など様々な場面に
お中元・歳暮，通販カタログ	「何がほしいですか」「〜が買いたいです」「何をあげますか」買い物タスク、やりもらいタスクなど
団扇，扇子，手拭い，お箸	「暑い、涼しい、便利、きれい」など形容詞の導入、「お箸が使えます」「どうやって使いますか」など
日持ちのする干菓子やようかん，あられ，海苔など	「あまい、からい」「食べてみる」「おいしそう」「食べたい」「食べたことがある」「AとBとどちらがおいしい／好きですか」「食べられません」「〜は、お米でできています」「どうやってつくりますか」などの文型練習やゲームの景品など
写真 （教師自身が写っている写真を用意すると、注目度も上がり授業が盛り上がる）	家族写真：家族紹介タスク「私の右は、母です」「〜は、結婚しています」など 旅行写真：旅行タスク「〜は東京の西にあります」「〜は、〜で有名です」「〜では、〜ができます」など 自宅の写真：「窓から〜が見えます」「駅から〜かかります」など

総合復習

グループ
(3～5人)

> ゴール　　　：日本語でゲームを楽しむ
> 活動の種類　：グループ（3～5人程度）［ゲーム（すごろく）］
> 用意するもの：すごろく（拡大）、タスクカード（1セット）、
> 　　　　　　　コマ（グループ数分/消しゴム・クリップなど）、サイコロ

手　順

1. すごろく盤は拡大する。タスクカードは切り離し、1～5に仕分けしておく。
2. すごろく盤を机または床に広げる。タスクカードは、教師が1～5の種類別の束にまとめて手元におく。
3. クラスを3～5グループに分ける。それぞれのグループから代表者を一人選び、順にサイコロを振って駒を進める。
4. タスクのマスにとまったら、該当する番号のタスクカードを教師からもらい、その指示に従う。
5. すべてのグループ代表がコマを1回進め終わったところで、各グループから次の代表者を出して、同様にゲームを続ける。
6. (時間によって)最初のグループがゴールするか、すべてのグループがゴールしたら終わり。

アドバイス

- 上記手順は規模の大きいクラスのためのやり方だが、5人程度までなら個人戦、10人程度までならペア対抗戦にするとよい。ゲームセットを複数グループ分用意する余裕があるなら、大人数のクラスを適当な人数のグループに分けて個人戦にすることもできる。
- サイコロはコラム 5 (p.83)で作ることもできるし、六角の鉛筆に1～6の数字を書いた紙をはって代用してもいい。
- すごろくのマスとカードを内容ごとに色分けしておくと、ゲーム中にも後片付けにも分かりやすくて便利である。
- 学習内容や理解度によって、漢字にふりがなをふったり、タスクの内容を適当に変えたりしておく。
- タスクの成果によって、コマを進めるボーナスや戻るペナルティをつけてもいい。
- 喜んだりがっかりしたときの感情表現も日本語でできるように、導入しておくとよい。
　　例：やったー、あーあ…、など

日本語すごろく

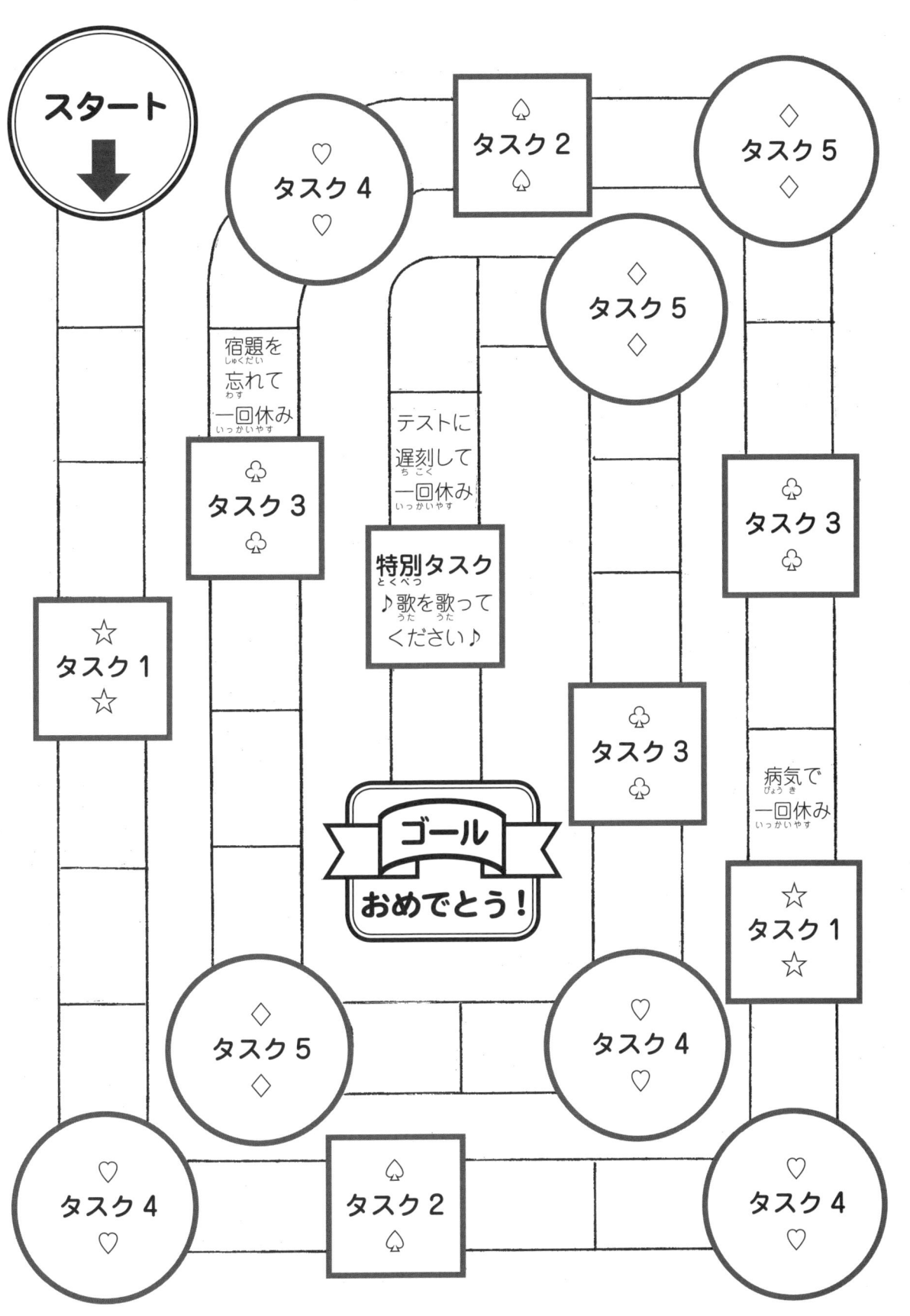

- スタート ↓
- タスク4 ♡♡
- タスク2 ♠♠
- タスク5 ♢♢
- 宿題を忘れて一回休み
- テストに遅刻して一回休み
- タスク5 ♢♢
- タスク3 ♣♣
- 特別タスク ♪歌を歌ってください♪
- タスク3 ♣♣
- タスク1 ☆☆
- タスク3 ♣♣
- 病気で一回休み
- ゴール おめでとう！
- タスク1 ☆☆
- タスク5 ♢♢
- タスク4 ♡♡
- タスク4 ♡♡
- タスク2 ♠♠
- タスク4 ♡♡

▶タスクカード

☆ タスク1 ☆
数えてください。
ぜんぶで＿＿＿＿＿＿、あります。

☆ タスク1 ☆
数えてください。
ぜんぶで＿＿＿＿＿＿、あります。

☆ タスク1 ☆
数えてください。
ぜんぶで＿＿＿＿＿＿、あります。

☆ タスク1 ☆
数えてください。
ぜんぶで＿＿＿＿＿＿、あります。

☆ タスク1 ☆
数えてください。
ぜんぶで＿＿＿＿＿＿、います。

☆ タスク1 ☆
数えてください。
ぜんぶで＿＿＿＿＿＿、います。

☆ タスク1 ☆
数えてください。
ぜんぶで＿＿＿＿＿＿、います。

♠ タスク2 ♠
読んでください。
1945年

♠ タスク2 ♠
読んでください。
4月1日

♠ タスク2 ♠
読んでください。
9月20日

♠ タスク2 ♠
読んでください。
6月24日

♠ タスク2 ♠
読んでください。
3900円

♠ タスク2 ♠
読んでください。
9600円

♠ タスク2 ♠
読んでください。
7時40分

♠ タスク2 ♠
読んでください。
9時59分

♣ タスク3 ♣
答えてください。
ご家族(かぞく)はどこに住(す)んでいますか？

♣ タスク3 ♣
答えてください。
好(す)きな飲(の)み物(もの)は何(なん)ですか？

♣ タスク3 ♣
答えてください。
朝(あさ)、起(お)きたら何(なに)をしますか？

♣ タスク3 ♣
答えてください。
おたんじょうびはいつですか？

♣ タスク3 ♣
答えてください。
夜(よる)、寝(ね)る前(まえ)に何(なに)をしますか？

♣ タスク3 ♣
答えてください。
家(いえ)から学校(がっこう)まで何(なん)で来(き)ますか？
どのくらいかかりますか？

♣ タスク3 ♣
答えてください。
趣味(しゅみ)は何(なん)ですか？

♣ タスク3 ♣
答えてください。
イヌとネコとどちらが好(す)きですか？
それはどうしてですか？

♣ タスク3 ♣
答えてください。
週末(しゅうまつ)はいつも何(なに)をしていますか？

♣ タスク3 ♣
答えてください。
日本(にほん)へ行(い)ったら
何(なに)をしてみたいですか？

♣ タスク3 ♣
答えてください。
音楽(おんがく)は何(なに)がお好(す)きですか？

♣ タスク3 ♣
答えてください。
今日(きょう)は何曜日(なんようび)ですか？

♣ タスク3 ♣
答えてください。
ご兄弟(きょうだい)はいますか？

♣ タスク3 ♣
答えてください。
このクラスに何人(なんにん)の人(ひと)がいますか？

♣ タスク3 ♣
答えてください。
もし100万円(まんえん)あったら、
何(なに)がしたいですか？

♣ タスク3 ♣
答えてください。
今朝(けさ)、何時(なんじ)に起(お)きましたか？

♡ タスク4 ♡
反対語は何ですか
- 男(おとこ)
- 平和(へいわ)
- 輸入(ゆにゅう)

(1つ言えたら、1つ進む)

♡ タスク4 ♡
反対語は何ですか
- 大きい(おお)
- 広い(ひろ)
- 忙しい(いそが)

(1つ言えたら、1つ進む)

♡ タスク4 ♡
反対語は何ですか
- 朝(あさ)
- 冷房(れいぼう)
- 賛成(さんせい)

(1つ言えたら、1つ進む)

♡ タスク4 ♡
反対語は何ですか
- きれい
- 熱い(あつ)
- 良い(よ)

(1つ言えたら、1つ進む)

♡ タスク4 ♡
反対語は何ですか
- 右(みぎ)
- 夏(なつ)
- 本当(ほんとう)

(1つ言えたら、1つ進む)

♡ タスク4 ♡
反対語は何ですか
- 難しい(むずか)
- 便利(べんり)
- 長い(なが)

(1つ言えたら、1つ進む)

♡ タスク4 ♡
ペアの言葉は何ですか
- つくえ
- 学生(がくせい)
- 母(はは)

(1つ言えたら、1つ進む)

♡ タスク4 ♡
反対語は何ですか
- 早い(はや)
- やわらかい
- おもしろい

(1つ言えたら、1つ進む)

♡ タスク4 ♡
ペアの言葉は何ですか
- フォーク
- 出口(でぐち)
- 妻(つま)

(1つ言えたら、1つ進む)

♡ タスク4 ♡
反対語は何ですか
- 寒い(さむ)
- 低い(ひく)
- 少ない(すく)

(1つ言えたら、1つ進む)

♡ タスク4 ♡
ペアの言葉は何ですか
- ナイフ
- 入口(いりぐち)
- 夫(おっと)

(1つ言えたら、1つ進む)

♡ タスク4 ♡
反対語は何ですか
- おいしい
- おそい
- うれしい

(1つ言えたら、1つ進む)

♡ タスク 4 ♡
反対語は何ですか
- 細い
- 強い
- 悪い

(1つ言えたら、1つ進む)

♡ タスク 4 ♡
反対語は何ですか
- 立つ
- 起きる
- 入学する

(1つ言えたら、1つ進む)

♡ タスク 4 ♡
反対語は何ですか
- 覚える
- 開ける
- 消す

(1つ言えたら、1つ進む)

♡ タスク 4 ♡
反対語は何ですか
- 出る
- 貸す
- 増える

(1つ言えたら、1つ進む)

♡ タスク 4 ♡
反対語を言ってください
- 安い
- 甘い
- 上手

(1つ言えたら、1つ進む)

♡ タスク 4 ♡
反対語は何ですか
- 捨てる
- あげる
- 閉まる

(1つ言えたら、1つ進む)

♡ タスク 4 ♡
反対語は何ですか
- 好き
- 明るい
- 簡単

(1つ言えたら、1つ進む)

♡ タスク 4 ♡
反対語は何ですか
- 教える
- 勝つ
- 結婚する

(1つ言えたら、1つ進む)

♡ タスク 4 ♡
反対語は何ですか
- 古い
- 遠い
- ひま

(1つ言えたら、1つ進む)

♡ タスク 4 ♡
反対語を言ってください
- 退院する
- 安心する
- 太る

(1つ言えたら、1つ進む)

♡ タスク 4 ♡
反対語は何ですか
- 笑う
- 乗る
- 買う

(1つ言えたら、1つ進む)

♡ タスク 4 ♡
反対語は何ですか
- 上がる
- 生まれる
- 行く

(1つ言えたら、1つ進む)

◇ タスク5 ◇

夜、寝る前に、
何と言いますか？

◇ タスク5 ◇

友達が病気で、うちへ帰ります。
何と言いますか？

◇ タスク5 ◇

朝、友達に会ったとき、
何と言いますか？

◇ タスク5 ◇

友達と別れるとき、
何と言いますか？

◇ タスク5 ◇

ご飯を食べる前に、
何と言いますか？

◇ タスク5 ◇

明日試験がある友達に、
何と言いますか？

◇ タスク5 ◇

学校や会社からうちへ帰ったとき、
何と言いますか？

◇ タスク5 ◇

漢字の読み方が分かりません。
何と聞きますか？

◇ タスク5 ◇

ご飯を食べたあとで、
何と言いますか？

◇ タスク5 ◇

頭が痛くて、うちへ帰りたいです。
先生に何と言いますか？

◇ タスク5 ◇

プレゼントをあげるとき、
何と言いますか？

◇ タスク5 ◇

友達の本をなくしてしまいました。
何と言いますか？

◇ タスク5 ◇

プレゼントをもらったとき、
何と言いますか？

◇ タスク5 ◇

仕事がおわって、先に帰るとき、
何と言いますか？

◇ タスク5 ◇

今日は友達のたんじょうびです。
何と言いますか？

◇ タスク5 ◇

うちから出かけるとき、
家族に何と言いますか？

事項索引

あ
- あいさつ ［～とき］ 156
- あげる ［あげる / もらう］ 2
- あそこ ［こそあど(2)］ 42
- あとで ［たあとで］ 4
- アドバイス ［～たらいい］ 98
  - ［～ておく］ 122
  - ［～なら］ 170
  - ［～ほうがいい］ 200
- あまり～ない ［いつも］ 20
- ありますか ［ありますか / いくらですか］ 6
- ある ［ある / いる(1)］ 10
  - ［ある / いる(2)］ 12
  - ［ある / いる(3)］ 14
  - ［ある / いる(4)］ 16
- あれ ［こそあど(1)］ 40

い
- 言い訳 ［～てから(2)］ 126
  - ［～ところだ / ているところだ］ 158
  - ［～んです］ 242
- いくらですか ［ありますか / いくらですか］ 6
- 意向形 ［～う / よう］ 22
- いつですか ［いつですか］ 18
- いつも ［いつも］ 20
- 今から～ところだ ［～ところだ / ているところだ］ 158
- います ［ある / いる(4)］ 16
- 依頼 ［～てくださいませんか］ 132
- いる ［ある / いる(1)］ 10
  - ［ある / いる(2)］ 12
  - ［ある / いる(3)］ 14
  - ［ある / いる(4)］ 16

う
- う ［～う / よう］ 22
- 受身 ［～れる / られる(1)］ 228
  - ［～れる / られる(2)］ 230
  - ［～れる / られる(3)］ 234

え
- 円 ［助数詞(1)］ 58

か
- ～がいいですよ ［～たらいい］ 98
- ～がいちばん～だ ［比較(1)］ 196
  - ［比較(2)］ 198
- かかる ［かかる(1)］ 24
  - ［かかる(2)］ 26
  - ［かかる(3)］ 28
- ～が聞こえる ［見える / 聞こえる］ 216
- 過去の動作の進行 ［～ている(3)］ 114
- ～かどうかわかる ［～かわかる / かどうかわかる］ 34
- ～が～にあります ［ある / いる(2)］ 12
- 可能 ［～ことができる / れる・られる(1)］ 46
  - ［～ことができる / れる・られる(2)］ 48
  - ［～ことができる / れる・られる(3)］ 50
- ～がほしい ［ほしい］ 202
- ～が見える ［見える / 聞こえる］ 216
- ～かもしれない ［～(の)かもしれない］ 30
- ～から～まで ［～から～まで］ 32
- ～からです ［～なければならない / なくてもいい］ 169
- ～かわかる ［～かわかる / かどうかわかる］ 34
  - ［連体修飾(1)］ 236
- 間接受身 ［～れる / られる(1)］ 228
  - ［～れる / られる(2)］ 230
- 勧誘 ［～そうだ(3)］ 87
  - ［～ませんか / ましょう(1)］ 210
  - ［～ませんか / ましょう(2)］ 212

き
- 聞こえる ［見える / 聞こえる］ 216
- 疑問文 ［総合復習］ 244
- 許可 ［～てみる］ 140
  - ［～てもいい(1)］ 144
  - ［～てもいい(2)］ 146
  - ［～てもいい / てはいけない］ 148

253

事項索引

き
きらいだ ［すきだ / きらいだ(1)］ 70
　　　　　［すきだ / きらいだ(2)］ 72
禁止　［〜てもいい / てはいけない］ 148
　　　［〜ないでください］ 162

け
形容詞　［形容詞］ 38
形容詞＋すぎる　［〜すぎる(1)］ 74
結果の状態　［〜ている(5)］ 120
原因　［〜すぎる(2)］ 76
　　　［〜て(2)］ 102
　　　［〜て(3)］ 104
謙譲語　［〜ましょうか］ 208

こ
ここ　［こそあど(2)］ 42
こそあど　［こそあど(1)］ 40
　　　　　［こそあど(2)］ 42
〜ことがある　［〜ことがある］ 44
〜ことができる　［〜ことができる / れる・られる(1)］ 46
　　　　　　　　［〜ことができる / れる・られる(2)］ 48
　　　　　　　　［〜ことができる / れる・られる(3)］ 50
断り　［〜ばかり］ 188
これ　［こそあど(1)］ 40

さ
〜(さ)せてください　［〜せる / させる(2)］ 82
〜させる　［〜せる / させる(1)］ 80
　　　　　［〜せる / させる(2)］ 82
誘いを断る　［〜た〜ばかり］ 188
冊　［助数詞(3)］ 64

し
〜し、〜し、　［〜し、〜し、］ 52
使役　［〜せる / させる(1)］ 80
　　　［〜せる / させる(2)］ 82
〜しかない　［〜しかない / もある］ 54
時間　［かかる(1)］ 24
　　　［かかる(2)］ 26
　　　［かかる(3)］ 28
　　　［〜から〜まで］ 32

指示
指示　［〜てください(1)］ 128
　　　［〜てください(2)］ 130
事情説明　［〜てしまう］ 136
自動詞　［自 / 他動詞］ 56
謝罪　［〜てしまう］ 136
習慣　［〜ている(4)］ 118
助数詞　［〜しかない / もある］ 54
　　　　［助数詞(1)］ 58
　　　　［助数詞(2)］ 60
　　　　［助数詞(3)］ 64
　　　　［助数詞(4)］ 66
助数詞＋しかない　［〜しかない / もある］ 54
助数詞＋もある　［〜しかない / もある］ 54
所有　［〜の］ 176

す
数字　［数字］ 69
すきだ　［すきだ / きらいだ(1)］ 70
　　　　［すきだ / きらいだ(2)］ 72
〜すぎる　［〜すぎる(1)］ 74
　　　　　［〜すぎる(2)］ 76
勧める　［〜てみる］ 140

せ
〜せる　［〜せる / させる(1)］ 80
　　　　［〜せる / させる(2)］ 82
前後左右　［〜まえは〜だ］ 204
ぜんぜん〜ない　［いつも］ 20

そ
総合復習　［総合復習］ 244
　　　　　［総合復習］ 246
〜そうだ　［〜そうだ(1)］ 84
　　　　　［〜そうだ(2)］ 86
　　　　　［〜そうだ(3)］ 87
　　　　　［伝聞］ 86
〜そうです　［〜ことがある］ 44
そこ　［こそあど(2)］ 42
それ　［こそあど(1)］ 40
それから　［はじめに / それから］ 194
尊敬語　［尊敬語］ 88

事項索引

　　　　　　　［～ている(4)］ ……………… 118

た
~たあと　［～ようになる(3)］ ……………… 225
~たあとで　［～あとで］ …………………… 4
　　　　　　［～てから(1)］ ……………… 124
　　　　　　［～まえに］ ………………… 206
~たい　［～たい］ ………………………… 90
　　　　［～ば］ …………………………… 184
　　　　［ほしい］ ………………………… 202
台　［助数詞(3)］ ………………………… 64
~たいんですが　［～たいんですが］ ……… 92
~た～ことがある　［～ことがある］ ……… 44
他動詞　［自/他動詞］ …………………… 56
~たばかり　［～ばかり］ ………………… 188
~たほうがいい　［～たらいい］ …………… 98
~ために　［～ために］ …………………… 94
~たら　［～たい］ ………………………… 90
　　　　［～たら］ ………………………… 96
　　　　［～てから(2)］ ………………… 126
　　　　［はじめに/それから］ ………… 194
~たらいい　［～たらいい］ ………………… 98
~たらよい　［～ておく］ ………………… 122
~たり　［自/他動詞］ …………………… 56
~たり、～たり　［～たり、～たり］ ……… 100

ち
直接受身　［～れる/られる(3)］ ………… 234

つ
つ　［助数詞(2)］ ………………………… 60
　　［助数詞(4)］ ………………………… 66

て
~て(原因)　［～てしまう］ ……………… 136
~て　［～て(1)］ ………………………… 101
　　　［～て(2)］ ………………………… 102
　　　［～て(3)］ ………………………… 104
~てある　［～てある］ …………………… 106
~ている　［～ている(1)］ ……………… 110
　　　　　［～ている(2)］ ……………… 113

　　　　　［～ている(3)］ ……………… 114
　　　　　［～ている(4)］ ……………… 118
　　　　　［～ている(5)］ ……………… 120
~ている人　［連体修飾(1)］ …………… 236
　　　　　　［連体修飾(2)］ …………… 238
~ているところだ　［～ところだ/ているところだ］ 158
~ておく　［～ておく］ …………………… 122
~てから　［～あとで］ …………………… 4
　　　　　［～てから(1)］ ……………… 124
　　　　　［～てから(2)］ ……………… 126
　　　　　［～まえに］ ………………… 206
　　　　　［～ようになる(3)］ ………… 225
~てください　［～てください(1)］ ……… 128
　　　　　　　［～てください(2)］ ……… 130
~てくださいませんか　［～てくださいませんか］ 132
~てくる　［～てくる］ …………………… 134
~てしまう　［～てしまう］ ……………… 136
~て、～て　［～あとで］ ………………… 4
　　　　　　［～し、～し］ ……………… 52
　　　　　　［～て(1)］ ………………… 101
~てはいけない　［～ないでください］ …… 162
　　　　　　　　［～てもいい/てはいけない］ 148
~てみる　［～てみる］ …………………… 140
~ても　［～ても］ ………………………… 142
~てもいい　［～てもいい(1)］ ………… 144
　　　　　　［～てもいい(2)］ ………… 146
　　　　　　［～てもいい/てはいけない］ 148
　　　　　　［～ないでください］ ……… 162
~て読む　［～と読む/て読む］ ………… 160
伝聞　［～そうだ(1)］ …………………… 84
　　　　［～そうだ(2)］ ………………… 86

と
~と　［～と(1)］ ………………………… 150
　　　［～と(2)］ ………………………… 152
~という　［～という］ …………………… 153
~というのは～のこと／ということです
　　　　　［～という］ ………………… 153
動作の進行　［～ている(1)］ …………… 110
　　　　　　　［～ている(2)］ ………… 113
　　　　　　　［～ている(3)］ ………… 114

255

動詞＋すぎる ［～すぎる(2)］ 76
動詞＋やすい ［～そうだ(3)］ 87
～と思う ［～と思う］ 154
～とき ［～とき］ 156
　　　　［～ようになる(3)］ 225
ときどき ［いつも］ 20
どこ ［こそあど(2)］ 42
～ところだ ［～ところだ / ているところだ］ 158
～とよい ［～ておく］ 122
～と読む ［～と読む / て読む］ 160

な

～ないでください ［～てください(1)］ 128
　　　　　　　　　［～てもいい / てはいけない］ ... 148
　　　　　　　　　［～ないでください］ 162
～ないほうがいい ［～たらいい］ 98
～ながら ［～ながら(1)］ 164
　　　　　［～ながら(2)］ 166
～なくてもいい ［～なければならない / なくてもいい］168
～なければならない
　　　　　［～なければならない / なくてもいい］ ... 168
～なさい ［～てから(2)］ 126
～なら ［～なら］ 170

に

～に行く ［～に行く］ 172
～に～があります ［ある / いる(1)］ 10
～にする ［～にする］ 174

ね

値段 ［かかる(1)］ 24
　　　［かかる(2)］ 26
　　　［かかる(3)］ 28

の

～の ［～の］ 176
～ので ［～ので / のに］ 180
～のに ［～ので / のに］ 180
～のほうが～だ ［比較(1)］ 196
　　　　　　　　［比較(2)］ 198
～のまえは～だ ［～まえは～だ］ 204

～のような ［～ような］ 218

は

～ば ［～ば］ 184
～ばいい ［～ば］ 184
～は～が ［～は～が］ 186
～ばかり ［～～ばかり］ 188
はじめに ［はじめに / それから］ 194
～は～だ ［～は～だ(1)］ 190
　　　　　［～は～だ(2)］ 191
　　　　　［～は～だ(3)］ 192
～は～にありました ［ある / いる(3)］ 14
～は～にあります ［ある / いる(2)］ 12
　　　　　　　　　［ある / いる(4)］ 16
　　　　　　　　　［こそあど(2)］ 42
～は～にいます ［ある / いる(2)］ 12
～は～より～だ ［比較(1)］ 196
　　　　　　　　［比較(2)］ 198

ひ

比較 ［～すぎる(1)］ 74
　　　［比較(1)］ 196
　　　［比較(2)］ 198
日付 ［いつですか］ 18
人 ［助数詞(2)］ 60
頻度 ［いつも］ 20

ほ

～ほうがいい ［～ほうがいい］ 200
ほしい ［ほしい］ 202
～ほど～ない ［比較(2)］ 198
ほとんど～ない ［いつも］ 20
本 ［助数詞(3)］ 64

ま

枚 ［助数詞(4)］ 66
～まえに ［～まえに］ 206
　　　　　［～ようになる(3)］ 224
～まえは～だ ［～まえは～だ］ 204
～ましょう ［～う / よう］ 22

	[～ませんか/ましょう(1)]	210
	[～ませんか/ましょう(2)]	212
～ましょうか [～ましょうか]		208
～ませんか [～そうだ(3)]		87
	[～ませんか/ましょう(1)]	210
	[～ませんか/ましょう(2)]	212
まだ～ていない [まだ～ていない/もう～た]		214

み
見える [見える/聞こえる]	216

め
命令形 [～てから(2)]	126

も
～もある [～しかない/もある]		54
申し出 [～ましょうか]		208
もう～た [まだ～ていない/もう～た]		214
目的 [～ために]		94
	[～に行く]	172
もらう [あげる/もらう]		2

や
やりもらい [～そうだ(3)]	87

よ
～よう [～う/よう]	22
～ようだ(推量) [～ている(2)]	113
様態 [～そうだ(3)]	87
～ような [～ような]	218
～ようになる [～ば]	184
～ようになる [～ようになる(1)]	220
[～ようになる(2)]	222
[～ようになる(3)]	224
よく [いつも]	20
～より～のほうが好きです [すきだ/きらいだ(1)]	70

ら
～られる [～ことができる/れる・られる(1)]		46
	[～ことができる/れる・られる(2)]	48
	[～ことができる/れる・られる(3)]	50

	[～れる/られる(1)]	228
	[～れる/られる(2)]	230
	[～れる/られる(3)]	234

り
理由 [～し、～し、]		52
	[～なければならない/なくてもいい]	168

る
～るまえに [～あとで]	4
[～てから(1)]	124
[～まえに]	206

れ
～れる [～ことができる/れる・られる(1)]		46
	[～ことができる/れる・られる(2)]	48
	[～ことができる/れる・られる(3)]	50
	[～れる/られる(1)]	228
	[～れる/られる(2)]	230
	[～れる/られる(3)]	234
連体修飾 [ある/いる(4)]		16
	[自/他動詞]	56
	[～ために]	94
	[～ている(1)]	110
	[～という]	153
	[連体修飾(1)]	236
	[連体修飾(2)]	238
	[連体修飾(3)]	240
連用形接続 [～て(1)]		101

ん
～んです [～てしまう]	136
[～んです]	242

イラスト索引

あ

アイコン
  付録⑪［アイコンカード］..............203
    トイレ，診療所，交番，喫茶店，レストラン，案内所，授乳室，両替所，団体受付カウンター，ビジネスセンター，インターネット，郵便ポスト，手荷物預かり，エレベーター，エスカレーター

アイスクリーム..............149
アイスクリームを食べる..............237
アイスクリーム屋..............5
会う..............5, 157
  駅で会う..............5
赤ちゃん..............219
足..............219
足跡..............149
雨［マーク］..............233
歩く（歩いている人）..............79
案内所［アイコン］..............203

い

家へ帰る..............157
医者..............109
いす..............11
いすに座る..............226
イチゴ..............55
一時停止［標識］..............179
イヌ..............15, 65, 71, 149
イヌと遊ぶ..............237
イノシシ..............15
インターネット［アイコン］..............203

う

ウィスキーを飲む..............207
ウェイトレス..............109
ウサギ..............15
ウシ..............15
歌う..............78

ウマ..............15, 219
海..............71
うるさい..............151
運動会..............89
運動する..............77, 151
運動しすぎ..............77

え

映画館..............5
映画を見る..............5, 125
営業中［看板］..............161
駅..............5, 43
駅で会う..............5
エスカレーター［アイコン］..............203
エレベーター..............151
エレベーター［アイコン］..............203
えんぴつ..............65

お

横断禁止［標識］..............179
OL..............109
お金..............55
お金（おもちゃのお金）
  一円玉，五円玉，十円玉，五十円玉，百円玉，五百円玉，千円札，二千円札，五千円札，一万円札..............59
起きる..............125
お酒..............55
お酒を飲む..............77, 151, 207
お正月..............89
おしるこ..............159
お天気
  付録⑫［お天気マークカード］..............233
    晴れ，曇り，雨，雪，暴風雨，雷，晴れのち曇り，曇りのち雨，曇りのち雪，晴れのち雨，雨のち雪，曇りのち暴風雨，強風，雨のち晴れ，雷のち暴風雨
おにぎり..............175
オフィス..............43

お店
  家具屋..............141
  電気屋..............141
お見舞い..............157
オムライス..............175
泳ぐ..............237

か

会社..............43
海水浴..............71, 89
買う..............5
カエル..............37
帰る..............125
顔
  特長のある顔..............187
  ネガティブ..............55
  ポジティブ..............55
鏡..............95
傘..............3
歌手..............109
学校..............43
カバ..............219
かばん..............3
紙..............65
雷［マーク］..............233
亀..............37
カメラ..............138, 149
カモシカ..............219
カルタ..............151
カレーライス..............175
カンガルー..............37
看護師..............109

き

危険［看板］..............161
季節・行事
  付録④［季節・行事カード］..............89
    お正月，節分，ひなまつり，花見，入学式，子供の日，梅雨，七夕，花火，海水浴，月見，運動会，七五三，クリスマス，誕生日
喫茶店..............5, 43
喫茶店［アイコン］..............203

イラスト索引

切手 55
キツネ 37, 219
切符 151
切符を買う 151
着物を着る 226
救急車 79
ギョウザ 175
教師 109
教室 43
強風 [マーク] 233
キリン 37
銀行 43

く
クッキー 3
靴下 3
クマ 37
曇り [マーク] 233
グラス 55
クリスマス 89
グローブ 219

け
警察官 109
携帯電話 149
ケーキ 55
　ショートケーキ 159
　バースデーケーキ 159
ゲームをする 78
消しゴム 95
化粧室 [看板] 161
結婚する 157

こ
コアラ 37
公園 43, 149
工事現場作業員 109
工事中 [看板] 161
工場 43
高速道路入り口の方向 [標識] 179
紅茶 71, 159

交番 [アイコン] 203
コーヒー 65, 71, 159
コーヒーを飲む 5, 125, 207
国道番号 [標識] 179
小言を言う 127
故障中 [看板] 161
コップ 65, 138
子供 127
子供の日 89
ご飯 159
ご飯を食べる 157, 207
ご飯を食べ終わる 157
ゴルフ 237
壊す 157
コンピュータ 65

さ
サービス・エリア [標識] 179
最高速度 [標識] 179
財布 55
サッカー 71
サラダ 175
サル 15, 219
サンドウィッチ 175
散歩 5

し
シェフ 109
仕事 78
七五三 89
CD 3, 55
自転車 71, 79, 149
自転車に乗る 237
自動車 55, 65, 71, 79, 138, 149
写真を撮る 133
車両進入禁止 [標識] 179
シャワーを浴びる 207
ジュース 138, 149, 159
住宅間取り図 75
授乳室 [アイコン] 203

主婦 109
準備中 [看板] 161
消防士 109
ジョギング 207
職業
　付録⑤ [職業カード] 109
　医者, 看護師, 警察官, シェフ,
　ウェイトレス, 消防士, タクシード
　ライバー, ピアニスト, 歌手, ビジ
　ネスマン, OL, 教師, 工事現場作業
　員, 美容師, 主婦
食事 5
新幹線 79
新聞 95
新聞を読む 125
診療所 [アイコン] 203

す
水泳 237
スイカ 159
スイッチを入れる 151
すごろく 221, 247
寿司 175
頭上注意 [看板] 161
すずり 95
スパゲッティ 175
スポーツ
　水泳 237
　ゴルフ 237
　ジョギング 207
　サッカー 71
　テニス 71, 237
　バレーボール 237
スプーン 95

せ
世界地図 123
節分 89
洗濯機 95

そ
ゾウ 37
掃除機 95
そば 175

イラスト索引

た

ダイコン ... 159, 219
台所 ... 95, 108
タオル ... 138
タクシー ... 79
タクシードライバー ... 109
立入禁止 [看板] ... 161
たつ ... 15
七夕 ... 89
タバコ ... 149
食べすぎ ... 77
食べ物
 付録⑧ [食べ物・飲み物カード] ... 159
  コーヒー，紅茶，日本茶，ビール，日本酒，ジュース，おしるこ，ケーキ(ショートケーキ・バースデーケーキ)，ご飯，トマト，ダイコン，みそ汁，スイカ，ミカン
 付録⑨ [食べ物(レストランメニュー)] ... 175
  寿司，とんかつ，天丼，ハンバーグ，そば，サラダ，スパゲッティ，オムライス，ピザ，餃子，チャーハン，カレーライス，ハンバーガー，サンドウィッチ，おにぎり
アイスクリーム ... 149
イチゴ ... 55
クッキー ... 3
ケーキ ... 55, 159
チョコレート ... 3
トースト ... 65
肉 71
バナナ ... 55
リンゴ ... 61, 65, 219
食べる ... 77, 125
 アイスクリームを食べる ... 237
 ご飯を食べる ... 157, 207
誕生日 ... 89
団体受付カウンター [アイコン] ... 203

ち

チケット ... 3
地図
 世界地図 ... 123
 日本地図 ... 129
 街 ... 131

アメリカ，インド，オーストラリア，カナダ，中国，ブラジル ... 197
チャーハン ... 175
駐車禁止 [看板] ... 161
駐車禁止 [標識] ... 179
駐車場 [標識] ... 179
チョコレート ... 3

つ

通行止め [標識] ... 179
疲れる ... 78
月見 ... 89
梅雨 ... 89
つり ... 237

て

手 ... 149, 219
テーブル ... 11
出かける ... 157, 207
手紙を書く ... 71
テニス ... 71, 237
手荷物預かり [アイコン] ... 203
デパート ... 43
テレビ ... 95, 151
テレビを見る ... 77, 207
電気 ... 151
電車 ... 79
 通勤電車・行楽地行き電車 ... 239
天丼 ... 175
電話をかける ... 71, 125, 157

と

トイレ ... 43
トイレ [アイコン] ... 203
動作
 会う ... 5, 157
 開ける ... 151
 遊ぶ ... 237
 浴びる ... 207
 歩く ... 79
 言う ... 127
 行く ... 125

 歌う ... 78
 運動する ... 77, 151
 起きる ... 125
 泳ぐ ... 237
 買う ... 5, 151
 書く ... 226
 帰る ... 125, 157
 着る ... 226
 結婚する ... 157
 座る ... 226
 壊す ... 157
 スイッチを入れる ... 151
 食べる ... 77, 125, 157, 207
 食べ終わる ... 157
 作る ... 78, 108
 出かける ... 157, 207
 電話をかける ... 71, 125, 157
 撮る ... 133
 飲む ... 5, 77, 151, 125, 207
 乗る ... 237
 見る ... 5, 77, 125, 207
 入院する ... 157
 登る ... 71
 走る ... 207
 働く ... 78
 引く ... 151
 勉強する ... 77, 125, 207
 磨く ... 207
 読む ... 125, 151, 207, 237
 別れる ... 157
 笑う ... 78
動物
 付録① [動物カード(十二支)] ... 15
  ネズミ，ウシ，トラ，ウサギ，タツ，ヘビ，ウマ，ヒツジ，サル，トリ，イヌ，イノシシ
 付録② [動物カード] ... 37
  ゾウ，キリン，ネコ，ワニ，パンダ，キツネ，リス，ブタ，ラクダ，クマ，カンガルー，コアラ，カメ，ペンギン，カエル
イヌ ... 65, 71, 149
ウマ ... 219
カバ ... 219
カモシカ ... 219
キツネ ... 219
サル ... 219
ネコ ... 55, 71, 219
ブタ ... 55

イラスト索引

道路標識
　付録⑩ [道路標識カード] 179
　　車両進入禁止，駐車禁止，歩行者専用，一時停止，最高速度，駐車場，道路の通称名，国道番号，道路工事中，高速道路入り口の方向，横断禁止，踏切あり，サービス・エリア，方面・方向及び道路の通称名，通行止め

道路工事中 [標識] 179
道路の通称名 [標識] 179
トースト 65
時計 3
図書館 43, 95
トマト 159
トラ 15
トラック 79
トリ 15
泥棒 229, 231, 232, 235
とんかつ 175

に

肉 71
日本酒 159
日本地図 129
日本茶 159
入院する 157
入学式 89
庭 43

ね

ネコ 37, 55, 71, 219
ネズミ 15
寝る 77, 125, 157, 207, 226
　布団/ベッドで寝る 226
　ベンチで寝る 237

の

登る 151
飲み物
　付録⑧ [食べ物・飲み物カード] ... 159
　　コーヒー，紅茶，日本茶，ビール，日本酒，ジュース，おしるこ，ケーキ（ショートケーキ・バースデーケーキ），ご飯，トマト，ダイコン，みそ汁，スイカ，ミカン

お酒 55
コーヒー 65, 71
水 138

飲む
　お酒を飲む 77, 151
　コーヒーを飲む 5, 125, 207
　水を飲む 151

乗り物
　付録③ [乗り物カード] 159
　　電車，新幹線，モノレール，自動車，バイク，トラック，タクシー，自転車，バス，ロケット，飛行機，ヘリコプター，救急車，歩き，船

は

バイク 79
はさみ 95
場所
　アイスクリーム屋 5
　映画館 5
　駅 5, 43
　会社 43
　家具屋 141
　学校 43
　喫茶店 5, 43
　教室 43
　銀行 43
　公園 43, 149
　工場 43
　デパート 43
　電気屋 141
　図書館 43, 95
　バス停 95
　美術館 163
　病院 43, 95
　山 71, 151
　郵便局 43, 95
　レストラン 5, 43
　ロビー 43

走る 207
バス 79
バス停 95
パソコン 65
働く 78
花 151
バナナ 55

花に水をやる 151
花火 89
花見 89
母親 127
バレーボール 237
歯を磨く 207
晴れ [マーク] 233
パンダ 37
ハンバーガー 175
ハンバーグ 175

ひ

ピアニスト 109
ビール 159
引く 151
飛行機 79
ピザ 175
ビジネスセンター [アイコン] 203
ビジネスマン 109
美術館 163
非常口 [看板] 161
ヒツジ 15
人
　赤ちゃん 219
　歩いている人 79
　落ち込んでいる人 31
　顔
　　特長のある顔 187
　　ネガティブ 55
　　ポジティブ 55
　家族 55
　女性 219
　男性 65, 219
　友達 55, 61
　人だかり 31
　喜んでいる人 31
ひなまつり 89
病院 43, 95
美容師 109
ビン 65
ビンゴ 61

261

イラスト索引

ふ
服を着る ... 207
ブタ ... 37, 55
筆 ... 95
筆で書く ... 226
布団で寝る ... 226
船 ... 79
踏切あり [標識] ... 179

へ
ベッドで寝る ... 226
ヘビ ... 15
部屋 ... 31, 43, 107, 145
ヘリコプター ... 79
勉強しすぎ ... 77
勉強する ... 77, 125, 207
ペンギン ... 37
ベンチで寝る ... 237
ペンで書く ... 226

ほ
方面・方向及び道路の通称名 [標識] ... 179
歩行者専用 ... 179
ホテル ... 43
本 ... 3, 55, 65, 139
本屋 ... 5
本を読む ... 151, 207, 237

ま
マッチ ... 55
窓を開ける ... 151

み
ミカン ... 159
水 ... 138
水を飲む ... 151
見る
　映画を見る ... 5, 125
　テレビを見る ... 77, 207

む
虫めがね ... 95

め
めがね ... 151
目ざまし時計 ... 95

も
モノレール ... 79
モミジ ... 219

や
野菜 ... 71
山 ... 71, 151
山に登る ... 71

ゆ
郵便局 ... 43, 95
郵便局へ行く ... 125
郵便ポスト [アイコン] ... 203
床に座る ... 226
雪 [マーク] ... 233
雪だるま ... 71

よ
洋服
　Tシャツ ... 3
　シャツ，ブラウス ... 55
洋服を着る ... 226
酔っぱらう ... 151
読む
　本を読む ... 151, 207, 237
　新聞を読む ... 125

ら
ラクダ ... 37

り
リス ... 37
両替所 [アイコン] ... 203
料理を作る ... 78, 108
旅行のトランク ... 215
リンゴ ... 61, 65, 219

れ
レストラン ... 5, 43
レストラン [アイコン] ... 203
レストランメニュー ... 175

ろ
ロケット ... 79
ロビー ... 43
ロボット ... 81

わ
別れる ... 157
ワニ ... 37
笑う ... 78

付録 イラストリスト

① 動物カード [十二支] p.15

ネズミ, ウシ, トラ, ウサギ, タツ, ヘビ, ウマ, ヒツジ, サル, トリ, イヌ, イノシシ

② 動物カード p.37

ゾウ, キリン, ネコ, ワニ, パンダ, キツネ, リス, ブタ, ラクダ, クマ, カンガルー, コアラ, カメ, ペンギン, カエル

③ 乗り物カード p.79

電車, 新幹線, モノレール, 自動車, バイク, トラック, タクシー, 自転車, バス, ロケット, 飛行機, ヘリコプター, 救急車, 歩き（歩いている人）, 船

④ 季節・行事カード p.89

お正月, 節分, ひなまつり, 花見, 入学式, 子供の日, 梅雨, 七夕, 花火, 海水浴, 月見, 運動会, 七五三, クリスマス, 誕生日

⑤ 職業カード p.109

医者, 看護師, 警察官, シェフ, ウェイトレス, 消防士, タクシードライバー, ピアニスト, 歌手, ビジネスマン, OL, 教師, 工事現場作業員, 美容師, 主婦

⑥ 世界地図 p.123

⑦ 日本地図 p.129

⑧ 食べ物・飲み物カード p.159

コーヒー, 紅茶, 日本茶, ビール, 日本酒, ジュース, おしるこ, ケーキ（ショートケーキ・バースデーケーキ）, ご飯, トマト, ダイコン, みそ汁, スイカ, ミカン

⑨ 食べ物カード [レストランメニュー] p.175

寿司, とんかつ, 天丼, ハンバーグ, そば, サラダ, スパゲッティ, オムライス, ピザ, 餃子, チャーハン, カレーライス, ハンバーガー, サンドウィッチ, おにぎり

⑩ 道路標識カード p.179

車両進入禁止, 駐車禁止, 歩行者専用, 一時停止, 最高速度, 駐車場, 道路の通称名, 国道番号, 道路工事中, 高速道路入り口の方向, 横断禁止, 踏切あり, サービス・エリア, 方面・方向及び道路の通称名, 通行止め

⑪ アイコンカード（空港・デパートなどでの） p.203

トイレ, 診療所, 交番, 喫茶店, レストラン, 案内所, 授乳室, 両替所, 団体受付カウンター, ビジネスセンター, インターネット, 郵便ポスト, 手荷物預かり, エレベーター, エスカレーター

⑫ お天気マークカード p.233

晴れ, 曇り, 雨, 雪, 暴風雨, 雷, 晴れのち曇り, 曇りのち雨, 曇りのち雪, 晴れのち雨, 雨のち雪, 曇りのち暴風雨, 強風, 雨のち晴れ, 雷のち暴風雨

□ 監　修
　砂川　有里子（すなかわ　ゆりこ）
　　筑波大学 名誉教授

□ 著　者
　石田　小百合（いしだ　さゆり）（アシュウェル　小百合）
　　駒澤大学 総合教育研究部 非常勤講師

　加藤　紀子（かとう　のりこ）
　　横浜国立大学 国際教育センター 非常勤講師

　森田　有紀子（もりた　ゆきこ）
　　船橋日本語学院 日本語教師養成講座 主任講師

　和氣　圭子（わき　けいこ）
　　神田外語大学 留学生別科 専任講師

　………………………………………

□ 協　力
　新井優子・井上直美・北郷まゆみ・小曽戸祥・関崎博紀・
　高橋葉子・田中もも・日高恵子・松下滋子・村上佳恵・栁田直美

□ イラスト
　本文イラスト……… 加藤紀子
　　　　　　　　……… 森田有紀子
　付録イラスト……… 須山奈津希
　コラムイラスト… 阿部伸二

□ 装　丁
　デザイン……… 庄子結香（カレラ）
　イラスト……… 阿部伸二（カレラ）

□ 担　当
　福西敏宏
　市川麻里子

おたすけタスク　初級日本語クラスのための文型別タスク集

2008 年　1 月 25 日　　第 1 刷発行
2024 年　4 月 11 日　　第 10 刷発行

監修………… 砂川有里子
著者………… 石田小百合・加藤紀子・森田有紀子・和氣圭子
発行………… 株式会社くろしお出版
　　　　　　〒102-0084　東京都千代田区二番町 4-3
　　　　　　TEL 03-6261-2867　　FAX 03-6261-2879
　　　　　　URL http://www.9640.jp
　　　　　　E-mail kurosio@9640.jp
印刷所……… 株式会社シナノ

© SUNAKAWA Yuriko, ISHIDA Sayuri, KATO Noriko, MORITA Yukiko, WAKI Keiko 2008, Printed in Japan
ISBN 978-4-87424-401-2　c0081

● 乱丁・落丁はおとりかえいたします。本書の無断転載・複製を禁じます。

タスクカード・イラストについて

本書に掲載してあるタスクカード・イラストデータは
こちらからダウンロードしてください。

■ダウンロードページ

https://www.9640.jp/books_401/

■パスワード・Password

tasuke01T

> ❗ 無断複製及び、授業以外の用途でのファイルの配布は堅くお断りいたします。営利目的の二次利用に関しては、法的措置をとらせていただく場合がありますので、ご注意下さい。

ご案内

Yomujp
日本語多読道場

無料の音声付き読み物教材
Reading and Listening materials for free

支笏湖(しこつこ)　カフェで注文(ちゅうもん)　大家族(だいかぞく)

学習者(がくしゅうしゃ)が興味(きょうみ)を持(も)つトピックについて、読(よ)み物(もの)をレベル別(べつ)に掲載(けいさい)したウェブサイト。PCやスマホで気軽(きがる)に読(よ)める。自習用(じしゅうよう)や、日本語(にほんご)の授業(じゅぎょう)に。